# 市 迹

Market-Oriented Road

刘金山　著

暨南大学出版社
JINAN UNIVERSITY PRESS

中国·广州

图书在版编目（CIP）数据

市迹/刘金山著. —广州：暨南大学出版社，2017.7
ISBN 978 - 7 - 5668 - 2200 - 0

Ⅰ.①市…　Ⅱ.①刘…　Ⅲ.①中国经济—社会主义市场经济—史料
Ⅳ.①F123.9

中国版本图书馆 CIP 数据核字（2017）第 234314 号

**市迹**
SHIJI
著　者：刘金山

出 版 人：徐义雄
策划编辑：曾鑫华
责任编辑：崔军亚
责任校对：邓丽藤
责任印制：汤慧君　周一丹

出版发行：暨南大学出版社（510630）
电　　话：总编室（8620）85221601
　　　　　营销部（8620）85225284　85228291　85228292（邮购）
传　　真：（8620）85221583（办公室）　85223774（营销部）
网　　址：http://www.jnupress.com
排　　版：广州市天河星辰文化发展部照排中心
印　　刷：广州家联印刷有限公司
开　　本：787mm×1092mm　1/16
印　　张：12.75
字　　数：151 千
版　　次：2017 年 7 月第 1 版
印　　次：2017 年 7 月第 1 次
定　　价：39.80 元

（暨大版图书如有印装质量问题，请与出版社总编室联系调换）

一部班级史，同时也是一部改革开放市场化进程史
谨以此书迎接改革开放 40 周年

# 再回首

Looking back

～～～～～～

"众里寻他千百度，蓦然回首，那人却在，灯火阑珊处。"①
再回首，就是要追寻历史灯火阑珊处那隐而不显的前行动力。

---

① （南宋）辛弃疾：《青玉案·元夕》。

历史的车轮滚滚向前，2018年很快就要到了。这一年是农历戊戌年，生肖属狗，属相动物忠诚而温情。

往事并不如烟，而是清晰可见。有人说，历史是任人打扮的小姑娘，想穿什么花衣裳，就穿什么花衣裳，想梳什么小辫子，就梳什么小辫子。此话可能有些任性，有点虚无，有些学者式的无奈。古人云：一生二，二生三，三生万物。万物皆有规律，只要认真探寻。

在历史的长河中，2018年就是一朵小浪花，只是无数朵小浪花中的一朵。但这朵小浪花，恰好和40年前的历史关键转折点，形成了历史逻辑互动，于是具有平凡而极其重要的意义。1978年，那个改变中国命运的历史性会议①，翻开了历史新的一页，开启了中国的市场化进程，一个新的历史逻辑起点出现了。2018年，我们又将站在另一个新的起点上。

"再回首，恍然如梦；再回首，我心依旧；只有那无尽的长路伴着我，曾经在幽幽暗暗反反复复中追问，才知道平平淡淡从从容容才是真。"②的确，40年间，不管是平平淡淡，还是波澜壮阔，无论遇到什么情况，总有一种力量在前行着。前行的进程中，无数个碎片化的图景，构成了五彩斑斓的历史画卷。画卷背后的这种力量轨迹，连接着每一个微观主体的想法、行动和福祉，每一个人都行随心动，看似杂乱无章，却又万物归一，有序前行。再回首，轨迹

---

① 1978年12月18日至22日召开的十一届三中全会，是新中国成立以来中国共产党历史上具有深远意义的伟大转折，拉开了改革开放的序幕。这次会议彻底否定了"两个凡是"的方针，重新确立解放思想、实事求是的思想路线；停止使用"以阶级斗争为纲"的口号，作出把党和国家的工作重心转移到经济建设上来、实行改革开放的伟大决策。会议公报明确指出："我们在明年把工作中心转入社会主义现代化建设并取得应有的成就，将是对建国三十周年的最好献礼。"

② 《再回首》，陈乐融作词，卢冠廷作曲，姜育恒演唱。

可循；看未来，轨迹依旧，平平淡淡，从从容容。

这一轨迹，是一个历史的呼应，可以追溯到更远更远。1978 年到 2018 年，是中国历史波澜壮阔的 40 年，尽管时间相对很短，但这期间浓缩了太多跨越时空的图景，令人目不暇接，巨大的变化令人惊叹。

这是继 1492 年哥伦布发现美洲新大陆①，以及东西方历史大分岔之后②，东西方历史又一次转折的 40 年。历史可能有惊人的相似，但绝不是简单的重复，40 年的东方神韵，绘就了更高层次的历史篇章。这一辉煌篇章，也昭示着历史不会终结，只会滚滚向前。这背后，有思想，有理论，有模式，有很多很多已经彰显的逻辑力量，等待我们去发现，去探寻，去迎风破浪、顺势而为。

这是求索并力图解答"李约瑟之谜"（为什么资本主义和现代科学起源于西欧而不是中国或其他文明）③的 40 年。2014 年 3 月 27

①　克里斯托弗·哥伦布（Christopher Columbus，1451—1506），意大利热那亚的航海家和探险家。在 1492 年到 1502 年间四次横渡大西洋，成为到达美洲新大陆的首位西欧人，开辟了横渡大西洋到美洲的航路，证明了地圆说的正确性，促进了旧大陆与新大陆的联系。这一发现是历史上一个重大转折点，开创了在新大陆开发、移民的新纪元。

②　彭慕兰的《大分流：欧洲、中国及现代世界经济的发展》，颇有影响。其基本观点是：1800 年以前是一个多元的世界，没有一个经济中心，西方并没有任何明显的、完全为西方自己独有的内生优势；只是 19 世纪欧洲工业化充分发展以后，一个占支配地位的西欧中心才具有了实际意义。彭慕兰（Kenneth Pomeranz，1958—　　），历史学家，汉学家，加州学派代表人物。1988 年获耶鲁大学哲学博士学位，曾任美国加利福尼亚大学尔湾分校历史系主任、历史和东亚语言文学教授，现为芝加哥大学历史学教授。

③　英国著名科技史学家与科技哲学家李约瑟博士在 20 世纪 70 年代提出：为何在前现代社会中国科技遥遥领先于其他文明，为何在现代中国不再领先？为什么工业革命没有发生在中国而发生在西欧？李约瑟（Joseph Needham，1900—1995），英国近代生物化学家和科学技术史专家，其所著的《中国科学技术史》对现代中西文化交流影响深远。

日，在巴黎举行的中法建交 50 周年纪念大会上，习近平主席说："拿破仑说过，中国是一头沉睡的狮子，当这头睡狮醒来时，世界都会为之发抖。中国这头狮子已经醒了，但这是一只和平的、可亲的、文明的狮子。"狮子已经醒了！这意味着我们百年求解的"李约瑟之谜"呈现出新的曙光，追寻伟大复兴的可持续的机制和动力，成为当代人神圣的历史使命。如果历史学家黄仁宇①先生还健在，我想，他可能会续写《中国大历史》这本书，也可能会写一本《1978 年》或者《2018 年》。的确，19 世纪 60 年代洋务运动②以来，中国历史曲折前行，直到 20 世纪 70 年代末，中国开始进入工业化的快速起飞进程。经过近 40 年的快速发展，中国经济社会发展进入新阶段。这一历程，值得大书特书。

走进孙中山③先生故居，向右一看，墙上赫然写着两列大字"世界潮流浩浩荡荡，顺之则昌逆之则亡"。40 年的改革开放，正是顺应了浩荡潮流，铿锵前行。人类历史中，市场作为经济社会发展

---

① 黄仁宇（1918—2000），美籍华人，历史学家，著有《万历十五年》。1936 年就读于天津南开大学电机工程系。抗日战争爆发后决定辍学，先在长沙《抗日战报》工作，后入国民党成都中央军校，1950 年退伍。后入美国密歇根大学，攻读新闻系，1954 年获学士学位，1957 年获硕士学位，其后转攻历史系，并于 1964 年获博士学位。曾任哥伦比亚大学访问副教授及哈佛大学东亚研究所研究员。

② 洋务运动，是指 1861 年（咸丰十年底开始）至 1895 年，清政府内的洋务派在全国各地掀起的"师夷长技以制夷"的改良运动，持续了近 35 年。以李鸿章、曾国藩、左宗棠为代表的洋务派官员主张摹习列强的工业技术和商业模式，利用官办、官督商办、官商合办等模式发展近代工业。

③ 孙中山（1866—1925），名文，字载之，号日新，又号逸仙，幼名帝象，化名中山樵，常以中山为名。生于广东省香山县（今中山市）翠亨村。中国近代民族民主主义革命的开拓者，中国民主革命伟大先行者，中华民国和中国国民党缔造者，三民主义的倡导者，创立"五权宪法"。首举彻底反封建的旗帜，"起共和而终两千年帝制"。

隐而不显的动力，指引着微观主体心动进而行动，推动着历史前行。1978 年，东西方历史的再一次交汇，伴随着"实践是检验真理的唯一标准"①的大讨论，的确"惊涛拍岸，卷起千堆雪"，市场开始在新中国的舞台上，迸发出前所未有的力量，序幕就此拉开，繁星迈上舞台。繁星之中，星光无数，其中一颗，就是 90 经管。

兰州大学 1990 级经济管理本科专业（简称 90 经管），就是历史轨迹中的一朵小浪花，小浪花顺着轨迹前行，从出生到小学、中学，从大学到工作，从初进职场到成家立业，既见证了这一变迁，又是这一轨迹中极其细微的组成部分。窥一斑而见全豹，这个班级同学的成长之路，就是顺着这一轨迹、这一历史力量而前行着。从相聚到毕业，走向四方，随着社会分工的演进而身份各异，随着生命周期规律的演进而聚散离合，随着社会快速发展而不断理性选择，被浪潮裹挟，却又推动浪潮前行。

再回首，我心依旧，市场之心依旧。再回首，梳理轨迹，"分析经济形式，既不能用显微镜，也不能用化学试剂。二者都必须用抽象力来代替"②。马克思的科学抽象法，是极具历史穿透力的。如果你静下心来认真品读《资本论》，你会发现其逻辑的自洽和力量让人拍案叫绝。《资本论》是一部市场经济的百科全书，通过科学

---

① 1978 年 5 月 10 日，中央党校的内部刊物《理论动态》第 60 期刊登文章《实践是检验真理的唯一标准》。第二天，《光明日报》发表了这篇文章，新华社将这篇文章作为"国内新闻"头条转发全国。5 月 12 日，《人民日报》和《解放军报》以及不少省级党报全文转载了这篇文章。到 5 月 13 日，全国多数省级党报都转载了此文。这篇文章阐明，实践不仅是检验真理的标准，而且是唯一标准；实践不仅是检验真理的唯一标准，而且是检验党的路线是否正确的唯一标准。这篇文章在全国引起强烈反响，并引发了一场大讨论。

② 马克思、恩格斯著，中共中央马克思恩格斯列宁斯大林著作编译局译：《马克思恩格斯全集》第 23 卷，北京：人民出版社 1972 年版，第 8 页。

抽象的逻辑力量，把碎片化的历史图景贯穿成一个深邃的思想体系。碎片化的历史点滴，需要抽象力串联起来。①从碎片化到整体化，思考的力量实在是伟大。

此刻，想起了这样一段话："要在一个不知名的小村庄起家，通过口口相传慢慢就会有城市里的人慕名而来，渐渐地，食客需要排队了，这时候就可以一跃进军城市开店，然后发展壮大。但是要发展得聪明，不要急于拓宽店面，而是要保持店面永远挤满人。厨房要像军营，服务要像军事训练。一定要有招牌菜，电视上反复提到的那种，名字和材料越奇怪越好，这样人们的猎奇心理也会促使他们冒险尝试，然后成为他们的谈资。"②

1990 年，90 经管的路开始了。努力奋斗，改善自己的生活，亚当·斯密③所说的"看不见的手"伴随着 90 经管的同学们，一起前行。那只"看不见的手"，挥舞着，激励着人们前行，也约束着

---

① 法国年鉴学派在一定程度上呼应了马克思所主张的科学抽象力。费尔南·布罗代尔的《资本主义论丛》刻画了市场这一历史发展动力。

② 2014 年西班牙语文坛最高荣誉——塞万提斯奖得主胡安·戈伊蒂索洛的书《同时发生》，采用纯碎片化写法刻画同时发生在一座现代城市各个角落不同阶层的人物群像，被称为"一部现代城市荒诞奇谈录"。这段文字是其中一位高级厨师的自述，参见《经济观察报》2017 年 2 月 27 日第 40 版。在笔者看来，这段话的市场意义让人过目难忘。在本书写作过程中，读到这段文字，突然觉得，世界上的水，是相通的；学者的心，通过文字，也是相通的。特此摘录，向理解市场的人们致敬。

③ 亚当·斯密（1723—1790），出生在苏格兰，是英国古典经济学家，世人尊称其为"现代经济学之父"和"自由企业的守护神"。1759 年出版《道德情操论》。1768 年着手著述《国民财富的性质和原因的研究》（又称《国富论》），1776 年 3 月该书出版后引起广泛讨论，影响深远。

人们前行。① 利来利往皆有序，浪花汇聚成巨涛，时而惊涛拍岸，时而平静无息，一张一翕之间，数十年就成了弹指一挥间。世界就在眼前，"看不见的手"就在身边。既然选择了远方，便只顾风雨兼程，山在远方，心中有彩虹。

"没有花香，没有树高，我是一棵无人知道的小草。从不寂寞，从不烦恼，你看我的伙伴遍及天涯海角。春风啊春风，你把我吹绿。阳光啊阳光，你把我照耀。河流啊山川，你哺育了我，大地啊母亲把我紧紧拥抱。"②

伴随着青春时代的歌声，90 经管的同学们来了。

---

① 亚当·斯密说："每个人都试图应用他的资本，来使其生产品得到最大的价值。一般来说，他并不企图增进公共福利，也不清楚增进的公共福利有多少，他所追求的仅仅是他个人的安乐，个人的利益，但当他这样做的时候，就会有一双看不见的手引导他去达到另一个目标，而这个目标绝不是他所追求的东西。由于追逐他个人的利益，他经常促进了社会利益，其效果比他真正想促进社会效益时所得到的效果还大。"

② 《小草》，向彤、何兆华作词，王祖皆、张卓娅作曲。

一

# 朦胧力量

# 1. 朦胧时代

"轻飘飘的旧时光就这么溜走，转头回去看看时已匆匆数年。苍茫茫的天涯路是你的漂泊，寻寻觅觅长相守是我的脚步。"①

当罗大佑的《恋曲1990》响起并风行祖国大地的时候，一群少年，勤奋努力，在高考严格而又相对公平的筛选机制下，脱颖而出，从祖国的四面八方赶来，或坐火车，或乘汽车，相聚在兰州市天水南路222号，相聚在兰州大学经济系，进入1990级经济管理专业班。

当时，乘坐火车的同学，都是硬座票，凭大学录取通知书，可以半价购票，大学生享受着社会福利制度的优越性。当时，卧铺是奢侈品，而且没有特定的证明信或介绍信，是不能乘坐卧铺的，即使有能力购买也不行。没有人是乘坐飞机而来的，而且多数人没有见过现实中的飞机，甚至不知道乘客坐在飞机的什么部位。②只记得小时候，仰望蔚蓝的

① 《恋曲1990》，罗大佑作词、作曲，收录于罗大佑个人专辑《爱人同志》（1988年发行）。

② 实际上，哪怕是现在，经济发展落后地区的孩子们的认知和当时的我们也是差不多的。中央电视台《实话实说》节目主持人崔永元运作的智力慈善项目"乡村教师培训计划"就经历了这样一件事：2006年，一位山村女教师上公开课，在黑板上写下了"飞机"两个字。学生问老师，人坐在飞机的哪个部位？老师说，人坐在飞机的翅膀里！显然，这个答案是错误的。可是，学生们却深信不疑。因为，这里的老师和学生都没有坐过飞机。

天空，偶尔一道白烟横贯天际，大人们告诉我们说那是飞机，我们觉得很神奇、很神秘，感觉像《西游记》里的神仙，我们就一直仰望着天空，直到那缕神奇的白烟渐渐消去。对我们来说，飞机是不可企及的，购票也是需要资格证明。此时，我国经济供求格局的基本特征是短缺，交通是其中的一个方面。这些交通工具中的奢侈品的乘坐权，不仅是由货币选票决定的，更是由行政级别、职称级别等因素决定的。但此刻，货币正在彰显力量，正在发挥着它的威力，正在力图主导产品和服务的消费权配置。有一种朦胧的力量在推动着这一变化。

当时的我们很难想到，中国的变化会如此之快，"短缺"这个伴随人们生活几十年、形容经济供求格局特征的词，正在逐步退出历史的舞台，很多东西从无到有、从少到多，如雨后春笋般呈现出来。仅仅十多年之后，只要有了足够的货币购买力，火车硬卧、软卧，飞机经济舱、公务舱、头等舱，任由你选，许多大学生就乘坐飞机往返于家里和学校。消费权由货币来主导了，分配参数单一了，货币的拥有者身后的其他因素，渐渐不再纳入消费权分配的考量当中。

更为重要的是，这一变化，使时间和空间在一定程度上压缩了，供给和需求能够更快更迅速地相遇了，人类合作的秩序也正在大幅度地扩展。

当时，绝大部分同学是独自乘车而来的，少数由亲人陪伴而来。独自而来的同学，尤其是远道而来的同学，有些是第一次出远门，挥手告别亲人们，怀着忐忑的心情出发了。并不是同学们独立性很强，亲人们也不是不想陪伴，主要是因为货币支付能力不足。此刻，在货币的约束之下，亲人们远行陪伴的选择权自然有限了。即使亲人陪伴而来，也是匆匆离去，刚到学校的学子，立刻想到了中学时代语文课上朱自清的散文《背影》，那句"在晶莹的泪光中，又看见那肥胖的、青布棉袍黑布马褂的背影"，感同身受。货币的硬约束之下，亲情的表达自然受到了限制。

的确，选择范围的扩大，有时即意味着福利的增加。谁能想到，仅仅十多年之后，许多家庭中有数人陪伴大学新生报到，顺便家庭旅行，其乐融融。许多学校为此开放体育场馆，供陪学生报到的家长住宿，数百人齐居体育馆，也是一道温情亮丽的风景线。①这一变化的背后，是货币硬约束得到了缓解，家庭

① 据报道，2014 年 9 月 4 日，南昌大学迎来全国各地新生报到，送新生入校的家长蜂拥而至，学校周边大小旅馆全部爆满。南昌大学开放体育馆，为家长们提供了 300 个"床位"。2015 年 8 月，上海大学迎来全国各地的新生。学校连续三年在体育馆为新生家长免费提供休息点，用幕布将场馆分割为男宾区、女宾区，提供茶水、凉席、枕头、被褥等。

的选择范围扩大了。一种朦胧的力量推动着这一变化。我们隐隐约约感觉到，现代化的目的、发展的目的在于微观的个人，是为了获得个人生活的空间，提高个人的生活质量，给个人更多的选择。①

不管乘坐何种交通工具，无论有没有亲人陪伴，我们来了，来到了兰州大学。同学们都很兴奋，苦读 11 年或 12 年寒窗②，经过 7 月 7 日至 9 日③的 3 天艰苦鏖战，终于看到了新的曙光，怀着收到大学录取通知书时的激动，怀着"跳农门"④的喜悦，怀着到他乡的惊奇，怀着对美好未来生活的无限憧憬，尽管不敢像古人中举一样设想"一人得道，鸡犬升天"，但也是信心满满，昂首阔步。

在火车站看到迎接新生的旗帜，感觉像是胜利的旗帜，见到迎接新生的师兄师姐，感到如沐春风，期盼尽快到达学校，越是近了，越是有一种望眼欲穿的感觉，期望见到一个新世界。年轻的心总是这样急迫。步入兰大校门的那一刻，似乎每个人的心都颤抖了一下，心中默念：我来了，终于来了，终于来到了这个梦寐以求的地方。

① 1998 年诺贝尔经济学奖获得者阿马蒂亚·森的发展理论，强调以人为中心的发展模式。阿马蒂亚·森（1933— ）出生于印度，1959 年在英国剑桥大学获得博士学位，先后在印度、英国和美国任教，当过联合国前秘书长加利的经济顾问。曾为联合国开发计划署写过人类发展报告。

② 部分地区小学是 5 年制。

③ 当时的高考时间是每年 7 月 7 日至 9 日。后来考虑到天气过热原因，在各界人士建议下，经国务院同意，教育部决定从 2003 年起将高考时间提前一个月，高考时间固定安排在每年 6 月 7 日、8 日、9 日。

④ "跳农门"是指农村考生考上大学后，就可以到城市工作生活。

在这个特定的时间、特定的人、特定的地点，一个班组织就这样成立了，一群少年就这样相会了。为了相同的目标，为了家国天下，这群少年开始了人生的新征程：从微观上讲，进行人力资本投资；从宏观上讲，"为天地立心，为生民立命，为往圣继绝学，为万世开太平"①。

90经管的同学们是在1970年前后出生的，在1978年或者1979年进入小学，堪称改革开放新一代的小学生。当时，年龄小，不谙世事，更因少有报纸、与外界联系的通信工具甚少，小学生们并不记得十一届三中全会，脑海中只依稀有一些"打倒四人帮"的口号和标语②，也不可能意识到罗纳德·科斯所形容的"边缘革命"③就要兴起。但这一代小学生，求学的起点，恰好就是改革开放的起点，求学的过程，恰好就是改革开放快速推进的过程。虽然不谙世事，但童年的记忆是深刻的，脑海中的一些碎片化事实，来自四面八方的一些事，构成了改革开放的斑斓图景，更有了改革开放前后天差地别的比较图景。虽然不谙世事，但这一代小学生是相对幸福的，改革开放的红利，伴随着小学和中学时

① （北宋）张载《张子语录》："为天地立心，为生民立道，为去圣继绝学，为万世开太平。"现在人们所熟知的"横渠四句"——"为天地立心，为生民立命，为往圣继绝学，为万世开太平"，则出自清人黄百家在其父黄宗羲《宋元学案·横渠学案》中所加的按语。

② 1966年至1976年"文化大革命"期间，在农村和城市的许多墙体上，都刷有"打倒×××"的标语，这是当年的主要宣传形式。

③ 参见罗纳德·哈里·科斯、王宁著，徐尧、李哲民译：《变革中国：市场经济的中国之路》，北京：中信出版社2013年版。罗纳德·科斯是1991年诺贝尔经济学奖获得者，他认为，中国改革开放的逻辑起点是边缘革命，在旧体制鞭长莫及的、笼罩不住的、控制薄弱的地方，先发展新的经济形态，然后一步一步由新体制、新经济形态的生长发育，逐步改变旧体制的生态，到一定的条件下再对旧体制的基础和核心部分进行变革。

代，正在滋润着每一个人、每一个家庭、每一个村庄、每一个企业，每一座城市。

历史的年轮，来到 1990 年。1990 年，农历庚午年，生肖属马，是平凡而又有意义的一年。马年，是人们期待"万马奔腾""马到功成"的年份，它开启了 20 世纪 90 年代，距离 1978 年改革开放，12 生肖转了一个轮回。经历了 20 世纪 80 年代激情燃烧的岁月，经历了"摸着石头过河"的市场化探索，经历了农村大丰收的喜悦，经历了城市国有（营）企业承包制的热浪，一直曲线前进的历史脚步，又徘徊在一个门槛前。

当时，我国面临的国外内形势是错综复杂的。从国际环境看，世界政治经济格局处在一个大调整的时代，苏联和东欧处在剧变之中。国务院前副总理钱其琛在《外交十记》中描述了当时的情形：西方各国制裁中国，掀起阵阵反华浪潮，一时乌云翻滚，颇有"黑云压城城欲摧"的味道。但我们做到了"黑云压城城不摧"。[①] 这其中有政治家的英明决策和气魄，有众志成城的钢铁意志，背后还有某种历史力量。正是这种历史力量，让我们拥有"不摧"的坚实的社会基础和经济动力，推动着我们勇往直前。

① 参见钱其琛：《外交十记》，北京：世界知识出版社 2003 年版。

①　1988 年新春伊始，各种涨价消息在坊间流传，民众心理开始波动。3 月，政府即将对一些主要农副产品零售价格进行调整的消息传出，大城市的居民开始抢购商品，刮起第一波抢购狂潮。5 月，政府决定放开四种主要副食品的零售价格，抢购之风又起。7 月，政府决定对 13 种名烟名酒放开市场价格，各大城市出现抢购名烟名酒的风潮。8 月初，有消息盛传：从 9 月 1 日起各种商品将全面涨价，抢购风潮再起。8 月 19 日清晨，中央人民广播电台播发"价格闯关"的消息，又出现抢购狂潮。从十三届三中全会到 1989 年底，中共中央、国务院接连发出四十个条例、决定、通知，治理整顿经济秩序，人称"四十道金牌"。

②　《着急》这样描述当时的抢购风潮：醋，买一洗澡盆；酱油，两水缸；豆油，十五桶；味精，两抽屉；五香面儿，一大衣柜；黄酱，一坛子。

从国内环境看，经济形势不容乐观，甚至可以说是极其严峻。20 世纪 80 年代末期通货膨胀的梦魇依然冲击着人们的心灵。1990 年，中央政府继续坚持治理整顿和总量控制的方针，当年的经济增长率仅为 3.8%，这是一个相对很低的增长速度，尽管获得这一增速实属不易。的确，经历过 1988 年商品抢购风潮①的人，都有刻骨铭心的经历，当年的商品零售价格上涨高达 18.5%。著名的相声演员姜昆和唐杰忠的相声《着急》展现了当时的情况，听说副食品要涨价了，人们就买空了小卖部。②"看涨则涨，看跌则跌"，预期改变供求关系，决定价格走势，这一经济学道理，放之四海皆准。这表明，副食品价格逐步市场化了，人们对价格敏感了，在价格面前，人们都会本能地理性计算了。刚刚享受市场化红利的人们，钱包刚刚鼓起一些，就怕"钱不值钱"，这是人们所想到的可能面临的最大风险。此时，人们可能还想不到，未来可能面临"没有钱"的风险。

国际制裁，国内经济波动，一时间，中国经济该向何处去，争论四起。

但是，1990 年的经济管理专业仍是

一个很热门的专业，当时的录取分数还是很高的。当时考生的高考志愿，大多数是家长说了算。家长是理性的，也许朦朦胧胧感觉到，有一股力量在前行，当时经济管理类人才比较缺乏，未来就业前景很好，或者说，可以谋求孩子未来整个生命周期的收入最大化。家长的理性选择，学生的努力，特定的录取规则，引领着一群充满朝气的学生因缘际会。

此时的高考，依然是选拔精英，如同古代的科举制，其筛选和选拔机制运行依然影响着学校、家长和学生的行为选择。虽然不再期望"一人得道，鸡犬升天"，但高考依然是促进社会阶层垂直流动的最有效机制。与古代科举制"学而优则仕"略有不同的是，"学而优则商""学而优则教"等选择逐渐多了起来。这背后有一种力量在推动着选择的多元化发展。90经管的同学们毕业后的发展，践行了这种多元化。当时的人们感受到，推动这种多元化的，是一种朦胧力量，能感受到，但又无法清晰地表述。

上大学，是一种人力资本投资。感谢人力资本投资人——家长们的理性而又随机的选择，这群来自四面八方、五湖四海的少年奔着 90 经管来了。47 名同学，来自祖国大陆 15 个省、直辖市、自治区。甘肃享受东道主红利，有 12 名，其中有免试推荐生 1 名，体育特招生 3 名；江苏 5 名；河北 4 名；江西 4 名；四川 4 名；陕西 3 名；山西 2 名；辽宁 2 名；黑龙江 2 名；安徽 2 名；湖南 2 名；宁夏 2 名；天津 1 名；湖北 1 名；广西 1 名。

这一生源省际分布特征，是由正式规则和非正式规则所决定的。正式规则是全国统一的高考招生制度和名额分配规则，各种平衡关系需要统筹兼顾。非正式规则就是东道主红利，某大学在所在省份的招生数量必然最多，这是有一定道理的，毕竟所在地政府和居民为大学提供了必不可少的公共物品和公共服务，有付费（税）就应该有所得。但这也是被人们所诟病的，因为生而不公，区位特征这一外在因素决定了高考学生的命运，不能享受东道主红利的人们不禁悻悻然。解决这一困境的办法，不仅是如何合理分配"蛋糕"，更重要的是做大"蛋糕"，扩大招生规模，从精英教育迈向大众教育。此刻，正有一种朦胧力量推动高考的发展，1999 年的扩招，就是这一朦胧力量的推动结果。

兰州大学[①]，是这一高考规则的遵守者。此刻的兰州大学，历经辉煌，位居境内高校前列，在国际上具有较大的影响力。当时流行的说法是，兰州大学的国际名气，高于国内名气，化学、物理学、地质学等优势学科，蜚声海内外。1990 年高考前，政治老师一直在提醒学生：我国第一个徒步穿越南极考察的是秦大河[②]。秦大河，就是兰州大学的毕业生。1990 年的兰州大学蒸蒸日上，但正在面临一种朦胧力量的冲击。改革开放以来，"允许部分地区、部分人先富起来"，沿海地区的率先发展，扰动着内陆地区知识分子的心。兰州大学正在面临一个坎——"孔雀东南飞"。许多有才华的老师离开兰州大学，飞往"东南"。知识作为生产要素的市场价值正在跃然显现。

① 兰州大学是教育部直属的全国重点综合性大学，是国家"985 工程"和"211 工程"重点建设高校之一。创建于 1909 年，前身是清末新政期间设立的甘肃法政学堂，是甘肃近代高等教育开端之标志。1928 年扩建为兰州中山大学，1945 年定名为国立兰州大学。新中国成立后，在高等学校院系调整中，被确定为国家十四所综合性大学之一。

② 秦大河，1947 年生，地理学家，中国科学院院士。出生于甘肃省兰州市，1965 年考入兰州大学地质地理系，1970 年毕业。1978 年考取兰州大学地理系研究生，1980 年获得硕士学位，1992 年获兰州大学理学博士学位。1983 年首次到南极考察，1987 年第二次到南极考察。1989 年 7 月参加国际徒步横穿南极大陆科学考察，1990 年 3 月 3 日抵达这次考察终点——苏联和平站。2003 年当选为中国科学院院士，2004 年当选为第三世界科学院院士。

## 2. 分楼而居

刚入校，第一站当然是宿舍。这群少年，共有 47 名，11 名女生，36 名男生，男女生分楼而居。这一学生的性别比例，是当时人文社会科学专业的常态分布；如果是理工专业，女生会更少。二十多年后的今天，我所供职的暨南大学经济学院，本科女生人数有超过男生的趋势，硕士研究生女生人数已经远远超过男生人数，这背后有着引人深思的问题。

90 经管，女生住学生 2 号楼，208 宿舍 8 位；209 宿舍 3 位。男生住学生 8 号楼，609 宿舍 8 位；611 宿舍 8 位；615 宿舍 8 位；616 宿舍 8 位；614 宿舍 1 位（免试推荐生）；203 宿舍 3 位（体育特招生）。学生宿舍是如何分配的，尚不知情。但人生随意的一件事，可能对未来产生巨大的影响；大学经历的每一件事，都可能预示着未来。8 间宿舍可能是随机分配的，之后却形成了不同的舍风，影响着每个人的行事风格。

学生宿舍，有着严格的作息制度。早上 6 点，通电；晚上 11 点半，停电，熄灯。在北方的大学，这是一种通行的规则。南方因为太热，需要风扇（当时还鲜有空调），全天不停电。大学生的青春活力是需要释放的，晚上停电后，或者点蜡烛，或者卧谈，或者在操场游荡。熄灯后卧谈，是大学生必不可少的青春记忆，海阔天空地聊天，人生的很多必备知识就是通过卧谈得来的。这一情感的交流，在人的一生中，是极其稀缺的，是未来联系同学情谊的纽带。21 世纪以来，舍友的沟通，多是通过短信、微信、QQ 等来维系的。自然语言与机器语言，哪个更具有感情，这是值得思考的。

本科生中，男女生不混楼而住，这是当时中国大学的通行住房管理规则。规则，就是要管住本能。男生好奇地想到女生楼去看看、坐坐，楼下门口值班室的大妈作为规则的执行者，就是不能让男生随便进入女生楼。进，要有合理的理由：班级活动、学生会活动任务、老师的安排、社团活动等等；或者要有合情的理由：老乡联谊、帮同学送东西等等。但无论是合理的理由，还是合情的理由，能不能进入，需要值班大妈这位"权威"的判断和裁决,是否具有自由裁量权,则因人而异。值班大妈同意男生进去,男生就谢天谢地,否则,在当时没有电话、手机等现代通信工具的情况下,只能靠喊进行联系了。21世纪以来,男生们就不用喊了,因为有手机了。这一变化的背后,是一种朦胧力量。

8个人住一间宿舍,4张上下床位的单人床,以现在的眼光看来,是很拥挤的,但在当时,这是一种常态,无论男生,还是女生,都这样住。90经管的同学,没有人出去租房。首先是没有这个意识,当时并没有住房市场,城市还多是福利分房;其次是没有能力,没有钱。爱情是一种本能的力量。21世纪以来,租房成为恋爱中男女生的选择之一。但在当时,这是不可能的,甚至是大逆不道的事情。幸运的是,兰州大学的校园号称城市花园,这一美丽校园为年轻学子的卿卿我我提供了场所。

当然,兰州大学校园的最大用途还是提供学习场所,无论是东方刚刚露出鱼肚白,还是夕阳西下,都能听到琅琅读书声。读英语的学生们,成为兰大校园一道亮丽的风景线。疯狂英语创始人李阳[1],当时就在这个校园里读英语。

① 1986年李阳考入兰州大学工程力学系。

## 3. 经管之爱

　　人生充满着不确定性和意外。刚入学不久，来自东北的 615 宿舍的一位男同学，突发重病，住院卧床不起，一天 24 小时需要人护理。除了他的家人之外，谁来护理，尤其是晚上的护理，是一个亟须解决的问题。

　　在班主任的召集下，90 经管班委紧急开会商议决定，男同学每两人一组，负责一个晚上的护理，轮流执行，白天回来继续上课。这是一个充满爱的决议。值班回来的同学，如果来不及到餐厅打饭，舍友会打回来放在宿舍；如果某同学因为太累需要睡觉而无法上课，老师知道后都表示理解，甚至予以表扬。同学之间的关爱，尤其是同班同学之间的关爱，是一件自然而然的事情。20 世纪 80 年代，我在初中时代和高中时代，帮同学搬过家，帮同学推过他家做生意的车，帮同学刷过墙，这一切都是无偿的，都是基于同学情谊的。

　　我和睡在我上铺的兄弟，组成一组，吃过晚饭后来到医院，开始护理。凌晨，困意来袭。我们两个商议，一个人照看两个小时，另一个人眯一会儿，轮流护理。第二天早上七点多，再回到学校。宿舍分配是随机的，床铺分配是先到先得的，我和睡在我上铺的兄弟的战斗友谊就这样形成了。这是一次难得的经历，我们这种友谊，是终生的。

　　刚入学，我们对生病的同学并不太了解。但既然同班，就有责任、有义务照顾他。同一个组织成员之间的相互照顾，是化解风险的一种途径，是一种基于情感的保险机制。这在当时是主要的途径，可能基于本能，可能基于多年的教育，可能基于儒家的义利观。当时的商业化保险还很少。

　　90 经管，是一个组织，组织的协调，需要有一个"权威"。管理学原理告诉我们，只要有三个人，就需要有管理。"权威"，就是班主任；班委就是管理和服务层。90 经管这一组织的运行是有效率的，尤其是遇到意外冲击的时候，更能体现这一点。

　　当时，医院里还没有护工这一概念，更没有这类职工。生病了，主要靠家庭成员照顾；如果是工伤，则由任职单位派人专职照顾或者多位同事轮流值班照顾。家庭成员之间的相互照顾，组织成员之间的相互照顾，成为共同化解风险的主要模式。21世纪以来，如果有亲朋好友住院，立刻就会有人来问你："需要护工吗?"那时，医院还没有护工，社会上还没有搬家公司，针对私人家庭的装修公司也不多，但之后，这些都慢慢出现了。

社会分工，有一种力量在推动着。经管之爱，内生出90经管同学的温情特质，这一特质亦是恒久远。

## 4. 诗映篝火

开学迎新，是大学里的盛典之一。各个系的学生会都绞尽脑汁，使出浑身解数，让新同学感受到校园里的关爱。当时的大学里，二级单位以学院为建制的很少，多数以学系、研究所为建制。20 世纪 90 年代后期，大学里兴起成立学院，学系、研究所成了三级单位。大学的强行政化进入了新的发展态势。

黄河边的篝火晚会，是经济系迎新活动的保留节目。老师们宏观指导，学生会精心组织，新老班级认真策划排练节目，新生们充满了期待。黄河边，秋风拂，华灯初上，篝火熊熊燃起，一百多位师生的联欢开始了。

除了唱歌、跳舞，诗朗诵成了篝火晚会的主角之一。诗朗诵、作诗、吟诗，是当时青年的风尚。80 年代和 90 年代初，是诗歌繁荣的春天。大家似乎都充满着激情，都想抒发自己的感情。当时，年轻人直抒情谊，要么通过诗歌，要么通过音乐。在 80 年代中后期，我的中学时代，语文老师也和我们一起探讨朦胧诗的写作。当时流行一个词叫"文艺青年"，这是一个褒义词。年轻人以被称为"文艺青年"为荣，在恋爱市场上，也喜欢追求文艺青年。这是真正的"诗和远方"的时代。

"轻轻的我走了，正如我轻轻的来；我轻轻的招手，作别西天的云彩……悄悄的我走了，正如我悄悄的来；我挥一挥衣袖，不带走一片云彩。"几乎每一个同学都能很流利地吟诵徐志摩的《再别康桥》。如果不会，就是"out"了。当然，这首诗也出现在迎新篝火晚会上。

"我如果爱你，绝不像攀援的凌霄花，借你的高枝炫耀自己；我如果爱你，绝不学痴情的鸟儿，为绿荫重复单调的歌曲；也不止像泉源，常年送来清凉的慰藉；也不止像险峰，增加你的高度，衬托你的威仪。"年轻人在向心仪之人表白时，往往以舒婷①的《致橡树》作为情书的开场白。当时，写情书还是校园里比较流行的。男同学写的情书，往往是宿舍成员集体智慧的结晶。现在，有了互联网通信工具，书信越来越少了，纸质版情书几乎绝迹了。对少女们来说，

① 舒婷（1952—　），原名龚佩瑜，出生于福建龙海石码镇，是朦胧诗派的代表人物之一，崛起于 20 世纪 70 年代末的中国诗坛。她和同代人北岛、顾城、梁小斌等以迥异于前人的诗风，在中国诗坛上掀起了一股朦胧诗大潮。《致橡树》是其代表作之一。

这可能是一件憾事。收到心仪之人的情书，并珍藏在衣柜里，是一件令少女多么高兴的事情。现在，这已经成了影视剧里的桥段。

几乎每一位同学的床头，都有一本汪国真①1990年出版的《年轻的潮》。几乎每一个人都会背诵他的《热爱生命》："我不去想，是否能够成功，既然选择了远方，便只顾风雨兼程。我不去想，能否赢得爱情，既然钟情于玫瑰，就勇敢地吐露真诚。我不去想，身后会不会袭来寒风冷雨，既然目标是地平线，留给世界的只能是背影。我不去想，未来是平坦还是泥泞，只要热爱生命，一切，都在意料之中。"

有些事情，往往盛极而衰。在经历90年代初的繁荣之后，诗歌开始衰落了。有时候，需求决定供给，诗歌的衰落，意味着诗歌需求的疲软。不仅是诗歌，戏剧也逐渐开始衰落。诗歌和戏剧，是慢节奏的，是需要慢慢品味的。谁来品味呢？需要有闲阶级：有时间、有些许钱、有兴趣的人。想当年，京剧的繁荣，一批有闲阶级的票友功不可没。慢节奏的诗歌和戏剧渐渐式微，表明人们关注的焦点发生了变化。快节奏的通俗歌曲

① 汪国真（1956—2015），生于北京，当代诗人、书画家。1982年毕业于暨南大学中文系。1984年发表第一首比较有影响的诗《我微笑着走向生活》。1985年起将业余时间集中于诗歌创作。1990年开始，担任《辽宁青年》《中国青年》《女友》的专栏撰稿人，掀起一股"汪国真热"；同年出版第一部诗集《年轻的潮》。

和摇滚歌曲，成为年轻人追求的新时尚。崔健①的《一无所有》被年轻人在聚会时吼唱："我曾经问个不休，你何时跟我走？可你却总是笑我，一无所有。我要给你我的追求，还有我的自由，可你却总是笑我，一无所有。"年轻人的确一无所有，但有的是激情，有的是希望。《在希望的田野上》是人们时常哼着的流行调："我们的未来在希望的田野上，人们在明媚的阳光下生活，生活在人们的劳动中变样，老人们举杯（那个）孩子们欢笑，小伙儿（哟）弹琴姑娘歌唱。"

慢节奏的东西，被快节奏的东西所替代，一种朦胧力量在推动着这一进程。悄然之间，每个人似乎都感受着这一力量。

盛极而衰，衰极而盛。这似乎是一种发展中的动态循环。2017 年，中央电视台有两档节目火了起来。以"赏中华诗词，寻文化基因，品生活之美"为基本宗旨的《中国诗词大会》和大型文化情感类节目《朗读者》，预示着文化节目的否极泰来。这一变化也是某种力量推动的结果。

由慢节奏到快节奏，由快节奏到慢节奏，朦胧力量似乎是一种神秘的力量。

① 崔健（1961— ），生于北京，中国摇滚乐歌手、词曲家，被誉为"中国摇滚之父"。1986 年，崔健在北京工人体育馆举行的百名歌星演唱会上演唱了《一无所有》，立刻被年轻人传唱。

## 5. 冲向电脑

同学们最喜欢的课程是与计算机有关的课程。计算机俗称"电脑"，在当时是稀缺物中的稀缺物。全校只有一个计算机房，坐落在校内花园中，绿树萦绕。这在我们心中，是一个神圣的地方。

大学一年级下学期，有一门计算机编程语言课"True Basic"。老师在课室里讲课，教会我们编程的逻辑、命令、条件等。还记得老师讲过，程序容不得任何一点错误，1986 年美国"挑战者号"航天飞机升空爆炸[①]，就是因为程序中一个句点写成了逗号。（不过，这是误传，其真实原因是助推器 O 形环的橡胶带遇寒冷失效。）老师讲完后，我们做书面练习编程，层次分明、错落有致地编写可能实现特定目的的程序。

现在我们知道，编程语言，直接在计算机上练习试验，才是最有效率的，可以立刻知道结果对错。但在当时，全校只有几十台计算机。我们大约每个月

① "挑战者号"航天飞机是美国正式使用的第二架航天飞机。1986 年 1 月 28 日，"挑战者号"在进行代号 STS－51－L 的第 10 次太空任务时，因为右侧固态火箭推进器上的一个 O 形环失效，导致一系列连锁反应，最终在升空后 73 秒时爆炸解体坠毁。7 名机组人员都在该次意外中丧生。

去一次机房，一学期也就去三四次。每次到机房上课，同学们要提前排队，在楼下等待开门。这个过程是神圣的：机房老师穿着白大褂，白色往往有一种神圣感；我们鱼贯而入，在机房门口换上拖鞋，心中默背着开机程序。当时老师一再叮嘱，要记住开机程序，虽然现在我已经记不清了"先开主机还是先开显示屏"，但在当时一定是严格按照老师的叮嘱进行的。那时，计算机还是 DOS 操作系统，要记住开机命令，千万不能错，否则很容易死机。

机房门一开，我们冲向电脑。为什么要冲向电脑？因为电脑数量少，上机的人多，平均几人用一台电脑，只能先到先得。先到先得，是一种古老的分配方式，一直在发挥着作用。越是稀缺的东西，这种方式越是流行。"春运"买火车票，无论是在窗口买票，还是在网上购票，实质上都是先到先得。拍卖，也是同一价格水平下先举牌先得，道理一样。先到先得，体现了时间的公平性，每个人的时间每天都一样，谁投入得多、投入得快，谁先得。这是一种程序正义，虽然可能不一定是实质正义①。

第二年我们上数据库课程 Data-Base

① 程序正义被视为"看得见的正义"，源于人所共知的法律格言："正义不仅应得到实现，而且要以人们看得见的方式加以实现。"（Justice must not only be done, but must be seen to be done.）案件不仅要判得正确、公平，并完全符合实体法的规定和精神，还应当使人感受到判决过程的公平性和合理性。实质正义意味着正义的终极状态必须实现，善人（或善行）应该得到善报，恶人（或恶行）必须得到恶报；如果制度或公共政策无法体现实质正义，就会被视为欠缺正当性。

① 摩尔定律是由英特尔（Intel）创始人之一戈登·摩尔（Gordon Moore）提出来的。当价格不变时，集成电路上可容纳的元器件的数目，每隔18～24个月便会增加一倍，性能也将提升一倍。这一定律揭示了信息技术进步的速度。

② 一对孪生小姑娘走进玫瑰园，其中一个小姑娘跑来对母亲说："妈妈，这里是个坏地方！""为什么呢，我的孩子？""因为这里的每朵花下面都有刺。"不一会儿，另一个小姑娘跑来对母亲说："妈妈，这里是个好地方！""为什么呢，我的孩子？""因为这里的每丛刺上面都有花。"听了两个孩子的话，望着那个被刺破指头的孩子，母亲陷入了沉思。根据材料，联系生活实际，自选角度，自拟题目，展开议论。

时，已经可以在经济系的计算机房具体实践了，每月可以数次上机了，但上机的过程依然神圣，依然是先到先得。从每月一次到每月数次，也是巨大的进步。那个时候，我们并不知道摩尔定律①；那个时候，谁能想到，21世纪的今天，可以实现人手一台甚至几台电脑。一种朦胧的力量在推动着这一技术进步。

大一的时候，"大学写作"这门课使我们有了价值感的转变。在小学时代、中学时代，我们的作文都是得高分的。1990年高考，语文题目②很有意思，也有一定难度，但根据我的了解，很多同学语文都取得了高分。为了高考，大家把各类题型都摸透了，作文题型都有范式和模式，议论文是重点中的重点，我们高中时都可以轻车熟路地应付各种类型的作文了。但到了"大学写作"这门课，才发现原来我们并不会写论文。从高中时代的议论式作文到大学的专业性论文，是一个巨大的跳跃。高中和大学的衔接，是不连贯的、不连续的。"大学写作"的授课老师在期中布置了一篇作业，要求3 000字以上。我们从来没有写过这么长的文章，而且是专业性文章，高中时代最多写800字的作文。当把

3 000 字的学术文章交上去后，我如释重
负，也很自豪：我能写 3 000 字的文章
了。当时，没有电脑，全是手写，第一
遍草稿，第二遍修改稿，第三遍定稿，
相当于抄写了 1 万字。最大的收获，还
是老师点评后，我知道了很多写作规范，
这一知识增量使人受益终生。

　　当时，很多大学都开设"大学写作"
这门课程。后来，因为新设课程增多，
很多大学里的"大学写作"从必修课变
成了选修课，从 3 学分变成了 2 学分，
最后这门课就被取消了。这门课程的消
失，把高中和大学之间的衔接，进一步
割裂了。后来，由于电脑的出现和网络
的永远在线，大学生动辄可以写 1 万多
字的文章，但错漏百出、毫无章法的问
题就层出不穷了。写作能力，变成 21 世
纪的稀缺专用性资产了。

## 6. 人生历练

　　1991 年暑假，兰州大学 1990 级新生迎来了军事训练。军训，是一场人生难得的历练。大学生，对没有经历过的事情，总是充满着期盼，满心激动地迎来了军训。90 经管班，组建成一个排。宿舍就是营房。以宿舍为单位，组建成一个班。教官就住在宿舍的空铺位上。

　　军训一开始，可就没有那么浪漫了。早上起床，就是一件痛苦的事情。六点的起床号一响，就要立刻起床，刷牙洗脸，整理内务，被子要叠得像豆腐块一样。叠被子，是军训的必修课之一，也是军事比赛的内容之一。对大学生而言，叠被子可不是经常认真做的事情，而且是很难做好的事情。一屋不扫，何以扫天下？在这儿也适用。一直以来，大学生好像都不善于叠被子。后来，军训的学生也聪明了，学会了专业化分工，谁擅长叠被子，就负责叠全宿舍的被子；谁擅长洗衣服，就负责洗衣服。分工好的宿舍，内务比赛得分总是高。分工出效率，这是人类本能意识互相协作的功劳，无论何时，无论何地。

练军姿，是一件漫长而又无聊的事情，但这是对意志的磨炼。横平竖直的队列，一动不动的姿势，骄阳下，汗流浃背。有些同学晕倒了，被送到阴凉处或医务所。军姿，就像是一项体检，坚持下来的，身体各项指标正常；坚持不下来的，有些指标就不正常了。就像上高原，海拔 3 000 米左右，有些头疼，但不需要吸氧，活动基本正常，表明心血管正常；如果要吸氧，不能活动，恐怕就要检查检查身体了。

练习射击，是一件令人期待的事情，尤其是男同学。但空枪练习的过程，是漫长的。在太阳照射下，趴在地上练习射击，反复默念"三点一线"的射击要领，经过近一周的技术要领训练，终于要到射击场实弹射击了。十人一组，每人有且只有五发子弹，在教官一对一的指导下，趴在射击位上，等待射击命令。一声令下，枪声四起，靶位下报靶员报出射击环数。听到有人 50 环满分，所有人都会欢呼雀跃。那一刻，想起了中学时代的文言文《卖油翁》："无他，惟手熟尔。"实际上，射击不是一件"惟手熟尔"的事情，而是一个身心合一、全身各个系统高度协调的过程，一个呼吸、一个心跳都会使结果失之毫厘谬以千里。实弹射击前，不理解教官们为什么要让我们练习如此长时间的技术要领；实弹射击后，我们理解了，这种练习是十分必要、不可或缺的。实践出真知。

队列式会演，是军训的闭幕式，有点类似于阅兵式。为了步伐整齐地通过检阅台，尤其是要和军乐队的鼓点保持一致，大家在几天之内练习了无数遍。那一刻，大家心中充满着神圣感，对即将结束的军训又有些依依不舍。

人生，需要经历这些。

二

# 春天故事

## 1. 显性力量

"1992 年又是一个春天，有一位老人在中国的南海边写下诗篇。天地间荡起滚滚春潮，征途上扬起浩浩风帆。"当《春天的故事》①响彻祖国大地的时候，我们迎来并经历了全社会的激情岁月，而不仅仅限于校园里。

邓小平的南方谈话②，为过去几年的治理整顿画上了句号，开启了新的征程。其中最有力量的一句话是"计划和市场都是经济手段，社会主义也可以搞市场经济"。承认市场这只"看不见的手"的力量，是邓小平同志最大的理论贡献之一。

市场交易，是历史发展隐而不见的真正动因，而不论历史处于何阶段、是何类型。不承认这一点，就要栽跟头。观察现实问题，我们总能找到历史的踪迹。想当年，拿破仑在欧洲战场是何等威风，却在滑铁卢一战中一败涂地，被他看不起的"小店主国家"英国的军队

① 《春天的故事》，蒋开儒、叶旭全作词，王佑贵作曲。

② 1992 年 1 月 17 日，88 岁的邓小平坐在南行列车上，开始了他的南方之行。从 1 月 18 日到 2 月 21 日，邓小平视察了武昌、深圳、珠海、上海等地并发表重要谈话。提出"要抓紧有利时机，加快改革开放步伐，力争国民经济更好地上一个新台阶"的要求，为中国走上中国特色社会主义市场经济发展道路奠定了思想基础。不久，邓小平南方谈话的旋风席卷全中国，掀起了又一轮改革开放的热潮。

击败。实际上，拿破仑不是被英国的军队击败的，而是被英国"小店主"击败的。任何战争的背后，都是经济实力的博弈，都是经济发展动力的博弈，都是经济制度的博弈。正是 18 世纪的英国"小店主"蓬勃发展，不断创新，不断开拓市场，掀起了第一次工业革命，让英国把半个地球都踩在脚下。

朦胧时代的朦胧力量，正式走上历史舞台，成为显性力量——市场力量。1992 年，党的十四大明确提出，建立社会主义市场经济体制。一个思想门槛就这样迈过了。"摸着石头过河"，逐渐演变成"看着灯塔走路"了。

人们突然感觉到市场的力量了，市场的春天真的来了。理论界不再争论"劳动力是不是商品"了，人们不再羞于谈钱了。1983 年，还在西北大学读书的张维迎①先生在《中国青年报》发表《为钱正名》一文，尤其是"你能多赚钱，说明你对社会多做贡献"这句话，一石激起千层浪。这篇文章在 1992 年时，人们的感觉是理所当然，不言而喻。"利"，成为人们行为选择的显性风向标，亚当·斯密"看不见的手"可以光明正大地挥舞起来了。

① 张维迎，1959 年生，陕西省榆林市吴堡县人。北京大学国家发展研究院（前身北京大学中国经济研究中心）联合创始人、教授、北京大学网络经济研究中心主任。曾任北京大学光华管理学院院长。他发表的有关中国经济改革和社会发展的观点经常成为媒体关注的焦点。

　　《春天的故事》响彻神州大地，触动了 90 经管少年的心。一个最明显的变化是，校园里经商的人多了起来，老师和学生都跃跃欲试，企业家精神初现，各显神通。一时间，校园内精彩纷呈，商品交易频繁。

## 2.《霸王别姬》

　　每年的 4 月 1 日是愚人节，大家都相互开些玩笑，为生活增加一些作料。2003 年以来，每年的 4 月 1 日，有些人都自发地纪念一位明星——张国荣[1]。我出生在河南农村，对 20 世纪 80 年代在大陆城市流行的港台文艺娱乐明星是不熟悉的。我最早知道的明星是费翔[2]，源于 1987 年春节联欢晚会他演唱的《冬天里的一把火》。这也可能是城乡差距的表现之一。我知道张国荣是比较晚的，还归因于一位极具商业头脑的同学。当时，有一部大片《霸王别姬》颇受欢迎，张国荣是主演之一。娱乐业是市场化的先行者，产品的市场化定价是必然的。《霸王别姬》受欢迎，需求大，价格就高。大学生往往是爱追风的，喜欢流行的东西。但大学生的货币支付能力是不高的。当时，对我们来说，《霸王别姬》是奢侈品，而不是生活必需品。

　　需求是有支付能力的需要。大学生

[1] 张国荣（1956—2003），歌手、演员、音乐人；影视歌多栖发展的代表之一。1993 年主演的《霸王别姬》是中国电影史上首部获得戛纳国际电影节金棕榈大奖的电影，并打破中国内地文艺片在美国的票房纪录。此外还获得国际影评人联盟大奖费比西奖、第 51 届美国电影金球奖最佳外语片等多项国际大奖，并入围了第 66 届奥斯卡最佳外语片奖。

[2] 费翔（1960—　），出生于中国台湾，美籍华裔，歌手、演员。1987 年费翔在中央电视台春节联欢晚会上以《故乡的云》《冬天里的一把火》一唱成名。

想看，有需要；但钱不多，没有足够的支付能力，需要就不容易转化为需求。这位极具商业头脑的同学，就促成了这一转化。非节假日的上午，电影院的观众是很少的，大家都在忙于上班或上学。但无论何时，电影院播放一个场次的成本是相对稳定的，而且很多是固定成本，即使不播放，固定成本每天也要付出。非节假日的上午，只要有收入，无论多少，电影院播放一个场次，都是可行的，也是极其愿意的。

这位同学就到学校附近的一家电影院，和院方经理谈判，包下了周四上午10点的一个场次，一次性现金付款（当时也只能用现金付款），拿回来全部的票。至于谈判达成的价格是多少，这是同学的商业秘密，无从知晓，但我想可能不会太高。这是一次大胆的尝试，充满着市场风险：如果票卖不出去，或者卖出去不多，可能就亏了；如果大卖，就赚了。

回到学校，这位同学请我写广告。当时，我正在练毛笔字。练字是20世纪80年代和90年代初大学生的众多课余生活选项之一。当时，人们常说，字如其人，每个人都想练一笔好字，《庞中华字帖》①很流行，后来随着计算机的普及，练字的学生越来越少了，在书法上精进的人逐渐职业化，社会分工越来越细了。同学请我写广告，表明我的字得到市场认可。写广告时，我才知道，主演之一张国荣是香港的一个明星。我很高兴地写了十几张广告：片名、时间、地点、票价。价格至关重要，票价是大学生支付得起的数字，需要很快就能转化为需求了。广告贴出去后，电影票热卖，供不应求。这位同学大赚了一笔。至于赚了多少，也是同学的商业秘密，不得而知。

我们常说"高风险，高收益"。营利的核心是如何把高风险降为低风险，进而转化为高收益。市场细分和定位极其重要：上午 10 点，大学里几万学生，肯定有一批人是没有课的；把价格定在适当的大学生可以支付的水平；这样，有时间、有些许钱的大学生就成了目标客户，需要转化为需求，高风险转化为低风险。

① 庞中华，著名书法家、教育家和诗人。当代中国硬笔书法事业的主要开拓者。

## 3. 九如餐馆

1992 年下半年，校园里各类商业活动突然多了起来。女生们到新华书店，带回各类词典等书籍进行代销。代销电影票成了常态，多位同学在做这项业务。有同学卖信封和稿纸，有同学卖毛巾和袜子。一时间，校园里到处都是摊点，尤其是食堂门口、宿舍楼门口，不出校门，几乎可以买到所有生活用品。

代销，成为当时大学生经商的一种流行形式。为什么代销流行？因为商家的销售成本接近于零，大学生把货拿回去，在校园里销售——场地免费，宿舍存放商品——仓储免费，校园广告免费，目标客户稳定，风险小。大学生代销商品，如果货卖不出去，可退回，风险也小，学生可以承担。其实，代销是商品交易的初始形态，小时候在河南老家农村，常有一两个商品代销点，很多是以赊账的形式进行的，但熟人社会信誉好，风险小。21 世纪以来，大学校园网店盛行。这和当年的代销有异曲同工之妙。不变的是商品交易，变化的是交易技术手段，互联网把流通成本进一步降低了。代销是很容易的，入行成本低，很容易形成近似完全竞争市场，但利润较薄，薄利多销是占优策略。

通过不同地区的价差进行套利，是部分具有商业头脑的同学的选择。90 经管的同学，都知道一价定律：在没有运输费用和贸易壁垒的自由竞争市场上，一件相同商品在不同国家（地区）出售，如果以同一种货币计价，其价格应是相等的。在同一国内，没有汇率问题；同一商品，扣除运费，如果价格有差异，就可以套利。南方的同学就把莲子背到兰州卖，到广州背一些电器到校园卖。套利贸易，首先要进行市场搜寻，发现特定商品的价差，然后长途运输；成本高，有风险，但赚的相对较多。记得小时候（改革开放初期），舅舅在河南老家"跑长途"，就是这种贸易方式。当年温州人跑到全国各地经商，也多是价差套利。

有同学摆起了台球，这是一个有风险的项目，购买台球桌，投入成本高。这是当时服务业的新业态。打台球还是当时的新时尚，大学生喜欢新时尚。记得在高中的时候，台球已经开始和卡拉OK一起兴起。当时，台球纯属娱乐项目，虽然属于竞技性质，但是属于竞技性娱乐，一杆两球进洞（俗称"一蛋双黄"），是非常值得炫耀的，总体而言，台球具有奢侈品性质。后来出了个丁俊晖[①]，大家才知道，台球是有特定游戏规则的，才知道有个名词：斯诺克。从娱乐项目到竞技项目，职业化是市场的题中之义。看来，丁俊晖的父亲是极具市场敏感意识的，在传统体制外走职业化之路。后来网球选手李娜[②]的成功，也得益于这一路径。

1993年上半年，学生8号楼下，雨后春笋般出现两排十多家摊位，类似于现在的大排档，但当时只能称之为小排档，因为每个档口只炒两三个品种的菜，学生自带餐具，买完菜回宿舍或自行找地方吃。一时间，充分市场化的自由竞争的小排档和学校的两个饭堂之间，形成了激烈的竞争。小排档各家总计有二十多个菜式，小锅炒菜，产品具有差异性和互补性；学校的两个饭堂，大锅炒菜，菜式相对稳定。货币选票很快发生了倾斜，饭堂受到了严峻的市场冲击，

① 丁俊晖，1987年生，中国男子台球队运动员，斯诺克球手。8岁接触台球，13岁获得亚洲邀请赛季军。2014年12月3日，世界斯诺克联合会宣布丁俊晖已确定在新的世界排名榜上跃居世界第一，成为世台联有史以来第11位世界第一，同时也是首位登上世界第一的亚洲球员。2016年斯诺克6红球世锦赛决赛中，丁俊晖首次获得6红球世锦赛冠军。

② 李娜，1982年生，中国女子网球运动员。2008年北京奥运会女子单打第四名，2011年法国网球公开赛、2014年澳大利亚网球公开赛女子单打冠军，亚洲第一位大满贯女子单打冠军，亚洲历史上女单世界排名最高的选手。

饭堂立刻做出了反应，卖饭师傅的态度好了起来，菜式逐步丰富起来。竞争出效率，这一真理无论何时无论何地，一旦符合适用条件，就会发挥作用。

在小排档中，印象最为深刻的就是两位老师合开的"九如餐馆"。一位老师讲授财务管理，一位老师讲授现代经济学，两人的理念和行动是具有一定魄力的。两位老师合资开饭馆，作为市场经济活动的实践示范者，我们很震撼；餐馆的名称在小排档中独具一格，具有文人气息。学生们也很爱到老师的饭馆买饭菜。

楼下的小排档，使我认识到货币的一种奇特形式：菜票货币。在饭堂买菜，学生不使用现金，而是去膳食科用现金买回菜票，兑换率（汇率）是1:1，菜票上注明了金额。当时的校园，菜票具有普遍可接受性，成了通行的交换媒介。到校园商店买日用品，同学之间借钱还钱，都可以用菜票。在一个封闭的系统中，交换媒介很容易形成。小排档的支付方式，同样分成现金和菜票两种形式。对商户而言，菜票如何变为现金，就成为一个问题。有商户就打出广告：100元菜票兑换95元现金。同学们对兑换率是敏感的。1：1 的兑换率发生了变化，菜票就贬值了；再后来，小排档都不愿意收菜票了。

可能是因为校园里的商业活动太多、太频繁、太杂乱，学校开始整治，对商业活动的管制出现了。小排档被拆除了，不让乱摆摊了，台球桌被清出了校园，熙熙攘攘的校园又恢复了往日的平静。

校园商事，只是少年企业家的一次市场历练之旅，小荷才露尖尖角。曾经有一个笑话说：小时候上学，把 "English" 读为 "应给利息" 的同学当了银行行长；读为 "阴沟里洗" 的成了菜贩子；读为 "因果联系" 的成了哲学家；读为 "硬改历史" 的成了政治家；读为 "英国里去" 的成了海外华侨；读为 "应该累死" 的成了打工的。我发现，从大学的经历看，90 经管的同学们，经商者多成了企业家，学生会的同学许多进了公务员系统，而我成了文字工作者。

## 4.　生活委员

　　我在班里担任生活委员。生活委员，可是每一个同学都愿意看到的，因为每一个人每个月都要和生活委员接触几次。

　　生活委员每月最重要的两件事情是买饭票和发钱。当时，大学生的粮食是定量供应的，每个人每月31斤，不论男女，其中细粮26斤，粗粮5斤。每人还有4两米票。粮食，在当时是短缺的。短缺，是当时经济运行供求格局的基本特征，几乎覆盖了所有消费品。短缺，就要实行配额制，定量供应。当时在兰州，牛肉面是3角5分一碗，外加2两粮票。货币和票证一起，才能购物。细粮票可以买馒头、米饭、稀饭，粗粮票可以买玉米面做的发糕等。

　　买米饭时，细粮票和米票要一起用。在兰州，大米是稀缺物品中的稀缺物品，极为短缺，只能实行配额制，每人每月只有4两。这可苦了从南方来的喜爱吃米饭的同学，他们吃不惯面食。北方来的同学，习惯吃面食，就把自己的 4 两米票免费送给南方来的同学。免费赠送，这是同学情谊。至于送给谁，可能要看感情的亲疏关系，在同一宿舍，同一社团，一起打篮球、踢足球、下围棋等，都会形成特殊的同学之谊。此时，并没有一个米票的交易市场，吃米权的转让定价是情感市场，而不是货币市场。在任何社会，任何具有使用价值的东西，都是可以交易的，尽管不一定采用货币形式。

我在每个月 20 日左右，要统计每一个同学下个月要买多少斤细粮和多少斤粗粮，一般是以宿舍为单位进行统计，进行汇总之后，报送到膳食科；膳食科以班为单位，准备下个月的饭票。每个月 5 日左右，我收好饭票钱，到膳食科买回上个月报送的饭票，以宿舍为单位，发给每一个同学。男生运动量大，31 斤粮食，很多人不够吃，我就曾经有 1 顿饭吃了 4 个馒头，一个 2 两，一顿饭就吃了 8 两。女生运动量相对小些，还要保持身材，一般 20 斤粮食就足够了。如何处理这一矛盾？我要进行宏观调控，进行宏观数据结构分析，保证本班报送的数额不超过本班配额总量即可。一旦超过了，就要和定量较多的男生商议，每人酌情调减。这一做法的实质是，男生吃了女生的配额。当时在社会上，粮票是可以私下买卖的。幸好在大学校园里，配额权交易市场并没有形成，否则生活委员的工作就很难做了。当时，学生没有这个意识，深层次的心理原因可能是"义大于利"，羞于谈配额权交易。

1993年，事情发生了变化。我不用每月再去膳食科预订饭票了。因为粮食配额制解体了，想吃多少就可以吃多少，只要你有钱买。每个人都可以自由地去买饭票了。这表明，粮食供求格局的短缺特征逐步消失了，生活委员得到了解放。不仅仅是粮食，很多商品的短缺特征也在逐步消失。这时，人们还没有意识到，相对过剩的供求格局正在朝我们而来。

粮食短缺特征的消失，不是一蹴而就的，这要感谢20世纪80年代初在农村实行的家庭联产承包责任制。80年代初，河南老家，秋天的田野里充满着孩子们的笑声。因为孩子们可以敞开肚皮吃花生了。在此之前，花生对我们来说是奢侈品，只有逢年过节招待客人时才能吃到。而此时，家家户户都种了花生。

天还是那样的天，地还是那样的地，人还是那样的人，为什么前后差别如此之大呢？这是承包制的力量！这只是一个土地所有权不变下的使用权合约变化，就产生了如此之大的激励效果，释放了如此大的生产力，这是超乎人们想象的。一个制度变革，在十多年后，解放了大学的生活委员，解放了大学男生的胃（想吃多少就吃多少）。市场就是有力量，合约变化就是有力量。进一步溯源，1978年"实践是检验真理的唯一标准"的大讨论，"实事求是"的政治智慧和决策魄力，是历史变化的逻辑起点。

关于发钱这件事，是大学生享受的典型的体制福利。当时，每人每月有15元钱的生活补助，少数民族的同学为16元钱。多1元钱，体现了我国的民族政策，这1元钱的边际政策效果是很好的。我每月在购买饭票的同时，把生活补助领回来，发给每一个同学。每一个同学都笑逐颜开，每一个同学（包括我本人在内）都是"见钱眼开"的，货币是有力量的。在人们的内心深处，"利"是发自本能的，在特定的历史时刻，可能是隐性的。随着市场的脚步，"利"逐渐显性化。基于市场合约的理性计算，需要这样的显性化。

20 世纪 90 年代初的 15 元钱，是一笔可观的补助。当时，父亲每月给我 75 元的生活费，生活补助相当于其五分之一。当时的学费是每人每年 180 元钱，住宿费是每人每年 60 元钱，教材等费用大约 60 元钱，每学年与学校有关的费用总计 300 元，加上生活费等总计 1 200 元至 1 500 元。每学年 180 元的生活补助，占全年费用的 12%～15%，还是很可观的。这笔补助在 1994 年毕业的时候，已经涨到了每月 25 元（或 26 元），可能是经济发展了，政府的财政状况有所改善了。大学生充分享受了福利体制的优越性。这一补贴政策是颇有成效的，而且简便快捷，直补到人，政策和政策受益者之间的距离越短越有成效。在之后的改革进程中，有许多财政补贴被挪用了或者不知所终了，就是因为这一距离太迂回曲折了，其背后的实质是"利"的显性化，缺乏规则的约束，导致了政策的无效。

就学费而言，1990 年以前的大学生，是不用交学费的。人生的每一个第一次，总是记忆深刻。记得刚入学的第一节课，是"中国革命史"。老师是一位历史系的头发花白的教授，说话有一些四川口音。

他说："60年代初，我来上大学的时候，穿着草鞋，背着一个行囊，就来到了学校；学校每月给我们发5元钱生活补助，吃饭花2元钱，零用花1元钱，剩下2元钱给妈妈寄回去，当然是没有学费的。"那时的大学生更是充分享受了福利体制的优越性。

20世纪90年代初，学费开始上涨了，1991年为每年350元，1992年为500元，1994年为700元。学费的上涨，意味着教育的成本分担机制开始发挥作用了，这是符合经济学逻辑的。上大学是人力资本投资的过程，大学教育具有私人物品性质和公共物品性质。前者决定了上大学需要交学费，后者决定了政府需要投资大学教育。笔者以《我们为什么上大学》解释这一经济学逻辑。

## 我们为什么上大学

我们为什么要上大学？这是一个很深刻的问题。学生说，父母一定要让我们上。家长说，上大学，才能找到好工作。政府说，大学可以提高居民素质。如果花一些时间，认真思考一下，发现这些回答可能是对的，但仅仅是对的，并没有告诉我们什么。我们需要认真思考一下，为什么要上大学？

### 谋求稀缺性

世间一切问题，皆是经济问题；一切经济问题，皆是选择问题。上大学和生产马铃薯、组装家具、造轮船、踢足球、看电影，有什么不同吗？

从经济学的逻辑讲，没有什么不同，都是稀缺资源的配置问题即选择问题。我们之所以上大学，一定有上大学的目标函数，尤其是成本收益的理性计算。我们之所以上大学，就是要谋求稀缺性，未来在社会尤其是劳动力市场上的稀缺性。一切稀缺的东西，都是有价的。有了稀缺性，就可以谋求整个生命周期（甚至之后）货币收益和非货币收益的最大化。

何为稀缺性？一个流行的说法是，高校生产的主要是人（学生）。其实，学生只是教育产出的载体即物质承担者，教育产出应该是学生的潜在生产率增量，即所谓能力的提高。这里，"增量"的含义是指，教育产出是一个流量，是一个过程量，表现为学生潜在生产率的变化，其值应该是在一个教育过程开始时"初始学生潜在生产率"与结束时"当前学生潜在生产率"之间的差值。现代大学存在的根本原因在于学生潜在生产率的增值性。未来时期，潜在生产率越高，就越稀缺，就越有价。

### 产出性质与投资人

教育产出是一种稀缺资源，获得它需要付出一定的成本。谁需要它，谁愿意为获得它付出成本，谁就是大学教育的投资者。至于谁是投资者，是由教育产出具有私人物品和公共物品两种性质所决定的。

作为私人物品，教育产出具有收入效应。学生和家长支出学费购买了学习的权利即进行人力资本投资，目的是使学生获得潜在生产率，进而谋求未来时期收益最大化。因为收益增强程度取决于个人的稀缺性，潜在生产率是稀缺性的体现，潜在生产率越高，稀缺性就越大。要想收益最大化就要增强自己的稀缺性，学习是增加自身的稀缺性、使自己收益最大化的手段。目前就业竞争日趋加剧，高等教育由精英化向大众化转变，大学教育不再是一种奢侈品，而是一种生存的必需。

教学产出是具有正外部效应的公共物品。政府是高等教育市场的最大主顾，政府投入财政资源购买教学产出，是为了提高综合国力和国家竞争力。国家竞争力的增强，又会惠及本国企业和居民，而不论他们是否纳税人。

政府和个人为接受教育所付出的各项成本，都是为了获得一种存在于人体之内的可提供未来收益的潜在生产率。大学教育的投资人主要有两类：政府和学生家庭。前者是由教育产出的公共物品性质决定的，后者是由教育产出的私人物品性质决定的。这与美国学者 John Stone 提出的高等教育成本分担理论是一致的。他认为，高等教育的成本应当由在教育中获得益处的各个方面分担。

## 学费定价

一切经济问题都是利益问题。一切利益问题都是价格问题。一切价格问题，都是选择问题，都是相对价格问题。相对价格的变化，会使一些人受益，使另一些人受损。任何产品和服务的变化，都会引起相对价格的变化。

教育产出的私人物品性质，决定了学生要交学费。学费如何定价？学费变化，怎样引起相对价格变化？学费不变，又会怎样引起相对价格变化？教育的成本，由家长承担的部分，俗称学费。至于应该承担多少比例，在此不做技术性考察，由教育专家和教育管理部门来定。我们要探讨的是，学费应不应该因时变化？

如果学费不变，其他商品和服务价格动态而变，那么相对价格就变了：如果其他商品和服务价格上涨，大学就成为受损者；如果其他商品和服务价格下降，大学就成为受益者。

学费变化，如果学费上涨幅度滞后于其他商品和服务价格上涨幅度，大学就成为受损者；如果学费上涨幅度超过其他商品和服务价格上涨幅度，大学就成为受益者。如果学费下降幅度快于其他商品和服务价格下降幅度，大学就成为受损者；如果学费下降幅度慢于其他商品和服务价格下降幅度，大学就成为受益者。

环顾现实世界，商品和服务的价格总体是上升的，这意味着办学成本是上升的。如果学费不变，大学将成为受损者。任何组织和个人，都是对激励具有反应的。大学成为受损者，最终将影响学生潜在生产率的提高。

因此，学费应因时而变。应该变化多少？超过还是低于其他商品和服务的价格上涨幅度？由于教育产出的公共物品性质，学费变化应低于其他商品和服务的价格上涨幅度，差额部分就要依靠另一个投资人（政府）了，因为成本的变化须由利益相关者分担。学费变化低于其他商品和服务的价格上涨幅度，这一结论符合经济学理论逻辑和经济现实逻辑。

学费上涨，意味着传统的福利体制在发生变化。不仅仅在教育领域，住房、医疗等传统福利体制都在发生变化。社会主义市场经济体制正在全面迈向新的征程。父亲在一家工厂工作，1992 年以前，免费住着单位分配的一套房子，两房无厅（当时北方的房子多是没有专门的客厅的，主卧房往往兼客厅），分房的依据是夫妻两人的资历和家庭成员规模。1993 年，开始交租金，使用权开始收费了，这引起了巨大的争议，但工人们最终都接受了这一事实，人们感觉到，"父爱主义"[①]正在悄然消退。1994 年，我家花了 4 000 多元钱，把房子买了下来。4 000 元，在当时可是一笔巨款，父亲一年的工资都没有这么多钱。从免费到交租金，从使用权付费（租金）到所有权付费（购房），以实物分配为主的福利体制真的开始变化了。

我担任生活委员的这段经历，使我具备了宏观分析能力和数据分析能力。人生的每一次经历，都有所得。我现在从事经济学教学与研究工作，每当看到统计局发布的经济数据，就会马上意识到经济形势的变化，这一能力的形成便得益于担任生活委员的经历。

[①]　"父爱主义"一词，在 20 世纪 80 年代的经济学界非常流行。这由匈牙利经济学家亚诺什·科尔内提出。他的《短缺经济学》当时在中国非常流行。亚诺什·科尔内（1928—　　），出生于匈牙利布达佩斯，1956 年获匈牙利科学院理学硕士学位，1961 年获卡尔·马克思经济大学经济学博士学位，1966 年获匈牙利科学院科学博士学位。他是匈牙利科学院院士、经济研究所教授，并曾任经济计量学会会长、联合国发展计划委员会副主席。

## 5．知识有价

　　"知道吗？教我们'政治经济学'的那位老师，有天晚上到一家企业讲了关于股份制的课，挣了200多块钱！"偶然间听到这个消息，每个同学心中都有些震撼。

　　20世纪80年代曾经流行过这样的说法：搞原子弹的，不如卖茶叶蛋的；拿手术刀的，不如拿剃头刀的；大学教授挣的钱，不如校门口卖早餐的。老师们曾经自嘲地给我们讲笑话说，戴校徽上公交车，小偷都不会偷他们的钱，不是因为小偷尊重老师，而是知道老师们太清贫了。这一现象，叫作"脑体倒挂"①。

　　为什么会存在这一现象？有一个说法是：早进入市场，早受益。1978年改革开放以来，体力劳动者率先进入市场，获得了市场红利。中学时代，同学们互相帮助，是一种自觉行动。有位同学的妈妈没有正式工作，就在离学校不远处的菜市场门口摆了个摊，卖些小朋

　　① 指受过多年教育训练的脑力劳动者的收入，低于缺乏文化知识的体力劳动者的收入。

友吃的小零食和日常生活用品。晚上，我们常常帮同学去推车收摊。在我们的印象中，他家是较穷的。但在90年代初期，他家却拿出几万块钱买了一套房子。这是我所知道的商品房的最早交易了。在人人崇拜"万元户"的时代，这件事情令我中学的同学们极其震惊。现在想来，在当时"短缺时代"，只要付出体力和时间做贸易、做零售，就能享受市场红利。同学妈妈的体力和时间的付出，薄利多销的经营策略，使其悄然变成先富阶层。

当时，脑力劳动者大部分还没有进入市场，还囿于单位约束，很少享受到市场红利。当时有一个例外，"星期日工程师"成为知识分子中率先富起来的人，因为他们是率先进入市场的。当时还是每周单休，国有企业（当时称国营企业）的工程师和大学、研究机构的研发人员，受当时快速成长的乡镇企业的邀请，利用星期日去指导生产经营，获得相应报酬。人力资本的资产专用性发挥着作用。

我们的老师出去讲课，赚钱了，这是知识进入市场的脚步。一旦知识作为生产要素进入市场，市场就会为知识进行定价。这一步一旦迈出，"脑体倒挂"

现象就慢慢消失了。从 90 年代中期起，"脑体倒挂"这个词就很少听到了。

还有一位老师，从事企业财务管理研究的，广州的一家公司准备以月薪 3 900 元聘请他，这在当时可是天价高薪，但是现在看来，公司金融是企业的必需。在当时，真正能把企业财务问题梳理清楚的人不多，专业性的知识是稀缺的。只要市场存在，一切稀缺的东西就都是有价的。因为种种原因，这位老师没有去广州，而是坚守在了兰州。当时，老师们下海，是一股潮流，因为市场开始为知识估价。用经济学的语言来说，教书，还是下海，这是一种选择。选择教书，教书的机会成本是很高的，毕竟货币的力量是强大的。二十多年后，我在广州工作，又见到了这位老师，身材稍胖的他来给兰州大学的广州 MBA 班上课。这个时候，大学老师这个职位，已经是社会上令人羡慕的职业。三十年河东，三十年河西，这话很有道理。这一变迁的推动力是强大的。

知识进入市场，这背后所反映的，80 年代主要是商品市场化；90 年代开始，商品市场化和要素市场化并行。按生产要素的贡献进行分配，正在被基层实践着。

## 6.　旁观者清

　　1993 年暑假，按照惯例进行毕业前的实习，经济系的学生分为三组，分别赴天水市、白银市、嘉峪关市的若干工厂实习。我随小组指导老师和同学赴天水市的两个工厂实习。实习是同学们极其期待的，能够走出校门，把所学理论和实践相结合了，大家很兴奋，火车上一路欢声笑语。

　　我在一家纺织厂上班实习。每天的工作就是上午在办公室整理材料、接电话，下午去工厂收集各类报表。既听到了工厂里的家长里短，也看到了生产线上的开开停停。隐隐约约感觉到，工厂在发生变化，每个人都感觉到，有些事情要"变天"了。

　　1992 年提出的社会主义市场经济体制，很快迈出实质性步伐。"现代企业制度"在各个国有企业流传着。大家都说，企业是市场经济的微观基础。现代企业制度，就是16个字：产权清晰，权责明确，政企分开，管理科学。到底是什么意思，课堂上老师既讲清楚了，又没有讲清楚：清楚了，就是理论意义都理解了；没清楚的是这到底和现实有什么关系呢。

到了工厂才感受到，这16个字，字字千钧，对每一个企业、每一个员工都有着至关重要的影响。就"产权清晰"四个字，已经对企业和员工形成了巨大冲击。当时国有企业兴起了一股"破三铁"[①]风潮。

对工人而言，"铁饭碗"很重要。"铁饭碗"，是指一个单位或部门，工作稳定，收入无忧。1992年前，只要在国有单位有一份正式工作，不犯错误不违法，就是"铁饭碗"了，不会失业。为什么1988年会发生抢购风潮？就是因为城市职工没有失业风险，就怕钱不值钱了，所以一听说东西要涨价，就去抢购了。

20世纪80年代，改革的主线是增量改革：在传统国有体制之外，乡镇企业、私营企业、个体工商户发展起来了。这时，国有企业的改革是放权让利[②]，国有企业存量还没有被提上议事日程，产权领域没有改革，"放权"是经营合约

① 所谓"三铁"，是对我国传统体制下的国有企业劳动、工资和人事制度特点的形象概括：劳动用工制度的计划化和固定化，形成了"铁饭碗"；工资分配制度的统一化和刚性化，形成了"铁工资"；企业人事制度的资历化和终身化，形成了"铁交椅"。

② 1979年国务院颁布《关于国营企业实行利润留成的规定》，其主要改革内容为放权让利和承包制。国务院先后在全国各地实行了放权让利试点工作，将国营企业原来上缴的利润改为所得税，并明确了承包经营责任制的内容和形式、承包经营合同双方的权利和义务、承包者和承包企业管理方案等。

的变化，"让利"是分配领域的改革。

存量改革，对于国有企业来说就是打破"铁饭碗"。1992 年起，改革进入存量改革阶段。国有企业的产权要动了，要改革了。当时流行一个词叫"盘活国有资产"，资产盘活了，员工的就业岗位就充满不确定性了。1994 年居民消费价格上涨高达 24.1%，但当年没有发生抢购风潮，为什么？因为人们感受到，就业岗位不稳定了，未来还有没有钱挣，这一问题盘横在人们心中，人们害怕"没有钱"而不是害怕"钱不值钱"。

在实习的工厂里，就弥漫着这样一种不确定性的氛围。人们感受到了，市场不相信眼泪。孙中山先生说得太好了："世界潮流浩浩荡荡，顺之则昌逆之则亡。"工人们感受到了变化，有种被时代裹挟的感觉，也有一种想要出去闯一闯的冲动。

莎士比亚说："To be, or not to be, that's the question." 这话很有道理。

## 7. 初闻诺奖

"春天的故事"，使经济学成为一门真正意义上的显学，成为社会科学皇冠上的明珠。大家都为在经管班学习而倍感自豪。当时萨缪尔森①的《经济学》刚刚传入我国，似乎人人都知道第一章开篇第一句话：如果教会一只鹦鹉"需求"和"供给"这两个词，那么它就可以成为一名经济学家。

我们逐渐知道，为什么要学习经济学。学习经济学有着种种理由：听说学习经济学可以赚钱；听说如果不能用供求原理分析石油价格变化问题就将被称为现代的文盲；听说经济学是社会科学皇冠上的明珠，古老的艺术，新颖的科学。

我们更加知道：如果花人生最稀缺的资源——时间认真想想，就会发现，无论何时，无论何地，经济学原理都在发挥着作用；从摇篮到坟墓（甚至之

① 保罗·萨缪尔森（Paul A. Samuelson，1915—2009），1935 年毕业于芝加哥大学，随后获得哈佛大学硕士和博士学位，一直在麻省理工学院担任经济学教授。他将数学分析方法引入经济学，写出一部被数百万大学生奉为经典的教科书《经济学》（合作者是耶鲁大学教授诺德豪斯）。1947 年成为约翰·贝茨·克拉克奖的首位获得者，1970 年获得诺贝尔经济学奖。

后），无论你是鲜衣华服之辈，还是引车卖浆之流，无论你是居庙堂之高，还是处江湖之远，都不得不面临经济学原理的残酷作用；经济规律，顺之则可能昌，逆之则可能亡。

我们真正知道：经济学是认识世界的思维方式，经济学不能保证你赚到钱，却保证让你知道为什么赚不到钱；经济学不能保证你就业，却保证让你知道为什么找不到工作；经济学不是万能的，没有经济学却是万万不能的。

伴随着"春天的故事"，大家对经济学热情高涨。诺贝尔经济学奖①的消息，获奖者的理论贡献，该理论对中国改革的理论解释和启示，成为各界关注的焦点。

1991 年诺贝尔经济学奖获得者是科斯②。新制度经济学开始在国内快速传播，80 年代虽然也有听说，但只是初步接触；产权理论、交易费用理论、企业理论、科斯定理、公司治理结构，似乎非经济学专业的人，也耳熟能详。科斯只靠两篇文章就获诺贝尔经济学奖的故事，常常被人说起。国有企业改革的理论需求和新制度经济学的供给相遇了。

① 诺贝尔经济学奖是瑞典国家银行为纪念阿尔弗雷德·诺贝尔而设立的奖项，也称瑞典银行经济学奖。经济学奖并非根据阿尔弗雷德·诺贝尔的遗嘱所设立的，但在评选步骤、授奖仪式方面与诺贝尔奖相似。1968 年起，奖项由瑞典皇家科学院每年颁发一次，颁奖遵循对人类利益做出最大贡献的原则。

② 罗纳德·哈里·科斯（Ronald H. Coase, 1910—2013），新制度经济学的鼻祖，芝加哥经济学派代表人物之一。对经济学的贡献主要体现在两篇代表作《企业的性质》和《社会成本问题》之中，首次创造性地通过提出"交易费用"来解释企业存在的原因以及企业扩展的边界问题；一旦交易费用为零，而且产权界定是清晰的，那么法律不会影响合约的结果。

① 加里·斯坦利·贝克尔（Gary S. Becker, 1930—2014），美国著名经济学家、芝加哥经济学派代表人物之一。把经济理论扩展到对人类行为的研究，获得巨大成就而荣膺诺贝尔经济学奖，被称为"作为帝国创建者的经济学家"。

② 道格拉斯·诺斯（Douglass C. North, 1920—2015），美国经济学家、历史学家，是新经济史的先驱者、开拓者，建立了包括产权理论、国家理论和意识形态理论在内的制度变迁理论。其贡献主要包括：用制度经济学的方法来解释历史上的经济增长；作为新制度经济学的开创者之一，重新论证了包括产权制度在内的制度的作用；将新古典经济学中所没有涉及的内容——制度，作为内生变量运用到经济研究中去，极大地发展了制度变迁理论。

③ 罗伯特·福格尔（Robert W. Fogel, 1926—2013），芝加哥经济学派代表人物之一，用经济史的新理论及数理工具重新诠释了过去的经济发展过程，以在计量经济史方面出色的工作荣获了1993年诺贝尔经济学奖。

1992年诺贝尔经济学奖获得者是贝克尔①。我最开始接触的是他的《家庭经济分析》，内容很有意思：男生女生为什么要结婚，因为两人在一起的效用（福利）大于两人单独生活的效用之和；为什么生孩子，因为可以为父母带来效用的提升。后来知道，他是人力资本投资理论的开拓者之一。经济学帝国主义，就是贝克尔所推崇的，他也确实做到了。伴随着"春天的故事"，市场的无限拓展的确需要全方位的新解释，经济学的全方位出击开始了。

1993年诺贝尔经济学奖获得者是诺斯②和福格尔③。二者虽然都是研究历史，但用的是经济学分析方法，梳理了经济变量之间的逻辑关系的历史表现，重视的是制度的作用。

连续三届，诺贝尔经济学奖都与制度经济学有关。"春天的故事"，商业热情，诺奖热潮，成为一种呼应和历史的契合。就如同1776年，亚当·斯密出版《国富论》，总结了市场这只"看不见的手"的原理，同年大洋彼岸的美国建国，这是一种冥冥之中的契合。

当时，中国留美经济学会①组织编写了一套"市场经济学普及丛书"②，由田国强③任主编、易纲④任副主编，上海人民出版社出版。这套丛书影响巨大，成为很多人的市场启蒙书。尚未毕业的我们，有幸成为第一批读者。田国强、张帆的《大众市场经济学》，欧阳明的《简明宏观经济学》，肖经建的《现代家庭经济学》，史正富的《现代企业的结构和管理》，易纲、贝多广合著的《货币浅说》，杨海明、王燕合著的《现代证券、期货市场》，海闻的《国际贸易：理论·政策·实践》，尹尊声的《国际技术转让价格谈判》，毕克茜的《外汇·风险·保值》，段先胜、杨秋梅合著的《外国直接投资》，陆丁的《看得见的手——市场经济中的政府职能》，汪翔、钱南的《公共选择理论导论》，林少宫、李楚霖合著的《简明经济统计与计量经济》，茅于轼的《生活中的经济学》，成为很多人床头必备的书籍。

睡在我上铺的兄弟，买了一本《大众市场经济学》，我读得如醉如痴，还做了很多读书笔记。当时的我，囿于货币的约束，书非借不能读也，读完之后，觉得欲罢不能，开启了觅书读书的征程。

① 中国留美经济学会（the Chinese Economists Society，简称 CES）于 1985 年 5 月 26 日在纽约成立。目的是促进中国市场化改革和对外开放，促进中国与世界的经济交流，促进国外经济学者参与到中国经济学研究中，促进中国经济学的发展。

② 关于这套丛书的策划过程和背景，参见陈昕：《市场经济"时代意识"的普及——纪念邓小平同志南方谈话 20 年》，《中国新闻出版报》，2012 年 2 月 8 日。

③ 田国强（1956—　），1982 年获华中工学院（现华中科技大学）数学硕士学位。1987 年获美国明尼苏达大学经济学博士学位。1987 年起在德州 A&M 大学任教，现为该大学终身任期正教授。2004 年起出任上海财经大学经济学院院长、高等研究院院长。教育部首批人文社会科学长江学者讲座教授，中国共产党中央委员会组织部首批"千人计划"入选者及评审专家。

④ 易纲（1958—　），分别在美国哈姆林大学工商管理专业、伊利诺伊大学经济学专业学习，获经济学博士学位。1994 年回国，与林毅夫等发起组建北京大学中国经济研究中心，任教授、副主任、博士生导师。现任中央财经领导小组办公室副主任，中国人民银行党委委员、副行长。

① 乔治·斯蒂格勒（George Joseph Stigler，1911—1991），美国著名经济学家、经济学史家、芝加哥大学教授，同弗里德曼一起并称为芝加哥经济学派的领袖人物。

记得当时还读了1982年诺贝尔经济学奖获得者斯蒂格勒①的《产业组织和政府管制》，客观地讲，当时并没有读得太懂，但若干观点依然清晰地印在脑海里，比如"供给和需求尽快相遇，就是市场效率"，"能在市场上生存的，就是企业最优规模"。21世纪以来，我参加工作之后，书非买而不能读也，读书是一个和作者心灵对话的过程，有了灵感可以在书上写写画画，有时候心情不好，买一本书读下来，心情就调节好了。从借书到买书，这是读书方式质的飞跃。借书，只有暂时的使用权，而没有所有权，因货币约束导致时间约束，书是要还的；买书，拥有永久的使用权和所有权，货币约束舒缓导致时间无约束，可以慢慢品味，留下灵感的记录，读书的效用大大提升。可见，货币真是一个好东西，有了它，收入预算约束线大幅度外移了，消费者选择的空间大大增加了。更可贵的是，用货币换的所有权，可以使人的福利增加。"货币是个好东西"的背后反映出，产权是个好东西。产权很重要，这一真理无处不在。

市场理论和商业实践，这是一种有潜意识的互动。同学们也受这一氛围的影响，家国天下在心中。记得有一段时间，我和舍友在宿舍一起探讨胡舒立①在《改革》发表的《1994：改革没有浪漫曲——关于中国新一轮改革风险预期的采访札记》。虽然作为学生的我们对事情的理解并不深入，但这种自发的交流，观点的碰撞，还是很有启迪意义的。当时，《改革》是一本非常火的经济类学术期刊，无论在学术界，还是在平民百姓中。在没有网络的时代，通过读期刊了解发展大势，是同学们的自发行动，心中激情使然。大学人人从读诗开始，伴随改革的激情，我们意气风发，挥斥方遒，就这样成长着。

① 胡舒立：《1994：改革没有浪漫曲——关于中国新一轮改革风险预期的采访札记》，《改革》1994年第1期，第93-105页。

# 三

# 走向四方

～～～

## 1. 求职简历

1993 年秋季开学后，步入大四的我们，就要谋划未来了。人生就是一个不断选择的过程。考研，还是工作，这是一个问题。

当时，出国留学的同学还是比较少的。只有极少数能够争取到公费留学的同学，极少数争取到境外高校奖学金的同学，极少数先富起来的家庭的同学，才会选择出国留学。21 世纪以来，许多大学生毕业后出国留学。海归，似乎是劳动力市场上的信号显示，是潜在生产率高的证明书，可以获得货币收益或者非货币收益。但在当时，出国留学对大多数同学来说，是一种奢求，普通家庭难以负担得起，甚至连一张国际机票都是巨额支出。

考研的同学，在当时并不多，因为社会涌动的是商业化大潮。考研，在亲朋好友看来是不划算的，用经济学的语言来表述，就是机会成本很高。考研的过程，是一个磨炼心理的过程，要忍受孤独、牺牲闲暇、减少聚会，还要处理好上课与考研复习的时间配置关系。考研还要兼顾找工作，否则一旦考研不成功再找工作，时间就来不及了。考研的同学本来就是少数，有些还半途而废了，能够坚持下来的凤毛麟角。而这些凤毛麟角，日后也会成为社会的凤毛麟角，是社会的稀缺人力资源，具有很高的市场估价。如此看来，选拔性考试，还真是一个有效的筛选机制。

找工作的同学是主流。此时，已经没有"毕业分配"之说。20世纪80年代的大学生，大多数是计划分配的。计划分配的好处是，工作肯定会有的，面包肯定会有的；但缺点是，分到什么地方，什么部门，什么岗位，能否符合个人偏好，和个人的专业技能是否匹配，都是不确定的。就业的计划分配，是一种保险机制；分配后的情况，又充满着不确定性。"过程无风险，结果有风险。"人世间的许多事情都是这样。自由找工作，过程充满着不确定性，但结果是劳动力市场上的需求和供给匹配相对要好一些。

找工作的第一步，是准备求职简历。在劳动力市场上，简历至关重要，它是用人单位进行筛选的第一步。

有位舍友是 1990 级经管最先找到工作的，1993 年底和邮电部下属的一个事业单位签约了。他的能力是很强的，在团委、学生会工作，组织过很多活动；参加跨省区调研活动，写过长篇调研报告。我曾和他深夜卧谈，深感其洞察力非凡。遗憾的是他因故没能参加全国大学生"挑战杯"①学术科技作品竞赛，否则可能取得佳绩。

舍友率先找到工作，不仅归因于他的个人能力，还要归因于他准备的一份电脑打印的简历。当时，很多简历是手写的。学校发一张就业推荐表，A3 式样，空格部分由学生手写填入，班主任、系主任、所在系需要签字和盖章。很难想象，21 世纪以来，打印店和高档印刷公司以及精美的、个性化的、可视化的简历随处可见。随着"春天的故事"的发生，大众创业（当时还没有创业的概念，俗称下海）出现了，学校周边出现了很多新的业态。有一家新开的电脑打印店，尽管只有一台电脑，一台打印机，店长（兼员工）也是刚刚入行，操作不太熟练，用的还是最早的 WPS 打字软件，但这是一个新的书写技术。舍友

① "挑战杯"全国大学生课外学术科技作品竞赛是由共青团中央、中国科学技术协会、教育部、中华全国学生联合会和地方省级人民政府共同主办，国内著名大学、新闻媒体联合发起的一项具有导向性、示范性和群众性的全国竞赛活动。自 1989 年首届竞赛举办以来，"挑战杯"竞赛始终坚持"崇尚科学、追求真知、勤奋学习、锐意创新、迎接挑战"的宗旨，在促进青年创新人才成长、深化高校素质教育、推动经济社会发展等方面发挥了积极作用，在广大高校乃至社会上产生了广泛、良好的影响，被誉为当代大学生科技创新的"奥林匹克"盛会。

发现了这家打印店，供给和需求相遇了。几经修改，耗费数十张纸进行试验，一份在当时看来十分精美的简历出来了，尽管以现在的眼光看来十分粗糙。

舍友是有眼光的，率先享受了技术进步的红利。1994 年，我的本科毕业论文获评优秀毕业论文。按照规定，学校要存档三份。我就工工整整地手抄了三份，一份上万字，一共三万多字，可怜了我的手指和手腕。1997 年，我硕士毕业，毕业论文是使用计算机写的，用的是 WPS 办公软件，编辑格式比手写方便多了。2000 年，我博士毕业，毕业论文用的是 MS 办公软件，编辑更方便了。六年之内，三份毕业论文的撰写，是技术变迁的一个碎片化事实。21 世纪以来，尤其是 2010 年以来，MS 和 WPS 并驾齐驱，如同麦当劳和肯德基，如同可口可乐与百事可乐，技术变迁中的互动竞争，是有利于消费者的。

## 2. 本屋火锅

我是免试推荐攻读本校研究生的。成为推免生，在同学们看来是喜事一桩，是要请客的。在父亲特批 100 元经费的家庭财政支持下，我准备请宿舍同学吃一顿。经过在学校校园和家属楼区之间的餐饮街搜寻，我确定在一家火锅店就餐：小木屋火锅。这条餐饮街，从入校以来就存在，但我们很少来。"春天的故事"的发生以后，餐饮街突然热闹起来，各类饮食文化和菜式突然多了起来。大众创业形成的市场化供给丰富起来。众多餐饮小店的集聚，差异化的产品，既有竞争又有互补，产业集群的初始形态就这样形成了。21 世纪初，产业集群热在业界和学界兴起。实际上，集聚是人类天然的选择，只要条件具备，有了合适的土壤，就会兴旺发达。

小木屋火锅是姐妹俩经营的。依稀记得，姐姐好像是学校附近一家工厂的员工，随着"春天的故事"而下海，可能是停薪留职。所谓停薪留职①，是指企业富余的固定职工，保留其身份，离开单位从事政策上允许的个体经营。这一做法，在20世纪80年代初就开始了，"春天的故事"后又形成一股热潮。80年代的王健林，从部队转业，曾任大连市西岗区人民政府办公室主任，根据这一政策，保留了处级干部身份，开始了第一个创业的"小目标"②，大连万达开始了起飞征程。从1999年开始，停薪留职政策被越来越多的省份取消，逐渐消失了。2015年，国务院印发《关于进一步做好新形势下就业创业工作的意见》并要求，探索高校、科研院所等事业单位专业技术人员在职创业、离岗创业有关政策，允许科研人员保留职位三年离岗创业，这被称为"停薪留职的2.0版"。30年一个轮回，都是鼓励创业，但发展阶段、发展形势皆不同了。

记得1994年我读硕士一年级时，在英语口语课上第一次见到外教。外教进入高校，是开放的微观体现，是教育国际化的起点之一。第一堂课，这个外教就给我们灌输一个理念，老师不是教室里的"国王"而只是一个参与分子（A teacher is not a king but just a partner in the

① 1983年6月11日，当时的劳动人事部、国家经济委员会联合下发《关于企业职工要求"停薪留职"问题的通知》。该通知规定：停薪留职的时间一般不超过两年；停薪留职期间，不升级，不享受各种津贴、补贴和劳保福利待遇；因病、残而基本丧失劳动能力的，可按退职办法处理。停薪留职人员在从事其他收入的工作时，原则上应按月向原单位缴纳劳动保险金，其数额不低于本人原工资的20%。停薪留职期间计算工龄。

② 2016年，王健林在一个节目里曝光了他的办公室、收藏王国和商业理想。在访谈环节，他耐心教导年轻人说："有自己目标，比如想做首富是对的，奋斗的方向，但是最好先定一个小目标，比方说我先挣它一个亿，你看看能用几年挣到一个亿。你是规划五年还是三年。到了以后，下一个目标，我再奔10亿，100亿。"随后，"小目标"一词风靡网络。

classroom）。这与"一日为师，终身为父"①的古训是截然不同的。这两者没有对错之分，只是大家遵循的社会秩序规则背后的理念不同。外教每周上一次课，每次都问一个同样的问题：What's new? 我们就要每人依次把过去一周观察到的一个或者几个新事物、新现象讲一讲。有一次讲到了"停薪留职"问题，外教听不懂了，他觉得失业、辞职、离职等，怎么会有职位没有薪水？怎么翻译"停薪留职"？我们查了半天，当时没有网络，我们主要看的是英文报纸 China Daily，还有图书馆里的部分英文杂志，发现有几种译法：retain the job but suspend the salary, stop firewood to leave, unpaid leave 等。当时还出现了一个新现象——职工下岗，也不知道怎么翻译，发现很多人用"work-off"，外教也不太明白，我们解释了半天，他似乎终于明白了。转轨经济中的许多现象，丰富或扩展了经济理论的研究边界。

小木屋火锅的创业者，就是社会主义市场经济的一朵小浪花，浪花汇聚成河，汇聚成海，成就了市场的滚滚浪潮。我们到小木屋吃火锅，是创业者第一批客户之一。姐妹俩很细心，通过问我们的家乡风味和口味偏好，精心推荐菜式。了解消费者偏好，是经营者的用心之处。这是供给和需求匹配的逻辑起点，是稀缺资源有效配置满足多样化社会偏好的逻辑起点。姐妹俩没有学过经济学，但一旦创业，干中学，便无师自通。市场是最好的老师，货币选票的力量很是厉害。这是和谐社会的微观机制。用经济学的术语，叫"激励相容"①：经营者提供优质产品和服务，获得收入；消费者享受优质产品和服务，提高效用；经营者通过使消费者效用增加而实现收入增加，我为人人，人人为我。

我们在小木屋大快朵颐，畅饮谈天，是一次难得的奢侈性消费。当时，同学聚会是要师出有名的，得奖学金、获竞赛奖、过生日、获推免生资格，同学们尤其是舍友们都会要求当事人请客，聚餐、看电影是请客的主要形式。当然，这是自愿的，请不请客，由当事人自己决定。如果是几个人的普通聚餐，一般吃完后会争着付钱，心态自知，但最后是由某一个人付款，表面特征一定是"义大于利"，心动与行动是否一致就不得而知了。当时还没有流行 AA 制②。我知道 AA 制是十年之后的事了。2004 年

① 在市场经济中，每个理性经济人都会有自利的一面，其个人行为会按自利的规则行为行动；如果能有一种制度安排，使行为人追求个人利益的行为，正好与集体价值最大化的目标相吻合，这一制度安排，就是"激励相容"。现代经济学理论与实践表明，贯彻"激励相容"原则，能够有效地解决个人利益与集体利益之间的矛盾冲突，使行为人的行为方式、结果符合集体价值最大化的目标，让每个员工在为企业"多做贡献中成就自己的事业，即个人价值与集体价值的两个目标函数实现一致化"。

② AA 制是各人平均分担所需费用，通常用于饮食聚会及旅游等共同消费共同结账费用的场合，优点在于双方或者多方都存在消费却一起结账，免去个人或者部分人请客，消费均分。"AA"是"Algebraic Average"的缩写，即"代数平均"。

某一天，我教过的一位毕业生从外地出差到广州，请他的几位同学和我一起聚餐。吃完后，这个同学结完账，其他同学按照平摊数额付给这位同学，一切正常坦然，"义利分开"，心动与行动高度一致。我一下子理解了 AA 制的优越性：各付各的，自用自付，心安理得，免得欠下别人请客吃饭的人情债。"自用自付，心安理得，互不相欠"，这是真正的市场理性计算。这份坦然，肯定是多年习惯形成的，在他们的大学时代，一定是流行 AA 制的。仅仅数年间，从我们到他们，AA 制从不知、不流行到坦然、流行，市场的理念精髓正在深入年轻人的内心，这是市场经济体制逐步完善的心理基础、社会基础和人口学基础。

吃完火锅离开之前，舍友们对菜品大加赞赏，姐妹俩甚是高兴，欢迎我们常来，特别是毕业聚餐时，并承诺给我打折。姐妹俩的市场定位是准确的，客户群是在校大学生，细分市场是即将毕业的学生。虽然没有学过博弈论，姐妹俩深知重复博弈的重要性，声誉至关重要，回头客至关重要。欺骗，往往是一次性博弈，没有报复的机会；重复动态博弈，存在报复的机会，有了硬约束，商誉就容易形成了，产品和服务的质量就提升了。我再次感到，市场是最好的老师，货币选票的力量很是厉害。

小木屋火锅的发展是快速的，在我们大学毕业后不久，就扩大了经营规模，把旁边的两间店铺给兼并了，营业面积扩大了。后来听说，小木屋从平房变成了楼房，小木屋变成了大木屋。这是市场的力量，从无到有，是姐妹俩发现了市场机会并付诸实践，市场为姐妹俩的企业家才能给予了货币回报；从小到大，是资本增值的结果，是企业家才能的具体体现。在这条饮食一条街，在火锅市场上，小木屋火锅具有了一定的垄断地位。但这是市场性垄断，而不是行政性垄断[①]。

已经多年没有回到这条餐饮街了，不知小木屋是否安好。我想，小木屋火锅面临的竞争是异常激烈的。一家饭店的成功，往往在于厨师的厨艺，高水平的厨艺往往市场定价很高，这种生产要素可替代性不高。但火锅店不一样，其竞争力在于汤料的美味和菜式的丰富性，而不在于厨师的厨艺。这样，火锅市场的进入壁垒就相对较低。竞争是市场的常态。无论小木屋火锅现在如何，作为一种市场活动，它在我们的记忆里是一个鲜活的市场存在。市场是有记忆的。

① 　行政性垄断是行政机关或其授权的组织运用行政权力限制竞争的行为，主要表现为地区行政性市场垄断、行政强制交易、行政部门干涉企业经营行为、行政性公司滥用优势行为等。

## 3. 最后一讲

在即将毕业的时候，我们还没有离开校园，却发现熟悉的或者不熟悉的一些老师，已经离开了兰州大学。

听讲座，是大学生的日常生活。记得有一场报告带给我极大的冲击，历史系的一位教授以"更复杂，更深刻，更危险"为主题，探讨了苏联和东欧的剧变。这位教授口才好，条理清晰，深入浅出，把事情的脉络和趋势分析得透彻入理，作为历史学外行的我们也听得津津有味。这位老师的头两句话，我们永远忘不了，他说："这是我最后一次以本校老师的身份做报告，明天，我就调走了。走之前，想和同学们汇报一下我的研究。"听说，这位老师去了北京的某高校。

在毕业前后的那几年，经济系有位教授调去了北京某高校，两位去了上海的高校，一位去了杭州的高校，一位去了苏州的高校，一位去了广东的高校，一位去了山东政府部门，还有一位老师省内调动。在 20 世纪 80 年代，剩余劳动力（尤其是农村剩余劳动力）逐渐向东部沿海地区流动。90 年代，有一个流行语"孔雀东南飞"，知识分子也开始向东部沿海地区流动了。此时，正是"脑体倒挂"逐渐消失的时刻，正是知识要素逐渐得到市场估价的时刻。2010 年前后，有一次广东的兰州大学校友聚会，一位校友动情地说：如果把在广东的从兰州大学出来的师生集聚起来，重建一所兰州大学，是有可能的。这句话给我的震撼很大。老师们离开的图景，触动着我的内心。我的成长、求学与工作，跨越了东、中、西、南部地区：生于河南，初步成长；长于甘肃，度过高中、本硕时光；求学于北京，在中国人民大学读博士，真正走上学术之路；任职于广东，开始教学科研的生涯。年少求学恰好是改革开放进程的时间起点，宝贵的经历之一便是对地区经济差异性有了切身之感：改革开放近 40 年来，东部地区先行之后经历转型阵痛，中部地区超稳定系统的崛起求解，西部地区步入起飞前的漫漫求索。

老师们离开兰州大学的心情是复杂的。

① 邓小平先生 1985 年
10 月 23 日会见美国时代公
司组织的美国高级企业家代
表团时说："一部分地区、
一部分人可以先富起来，带
动和帮助其他地区、其他的
人，逐步达到共同富裕。"

② 意大利经济学家维
弗雷多·帕累托在关于经济
效率和收入分配的研究中最
早使用了这个概念。帕累托
最 优（Pareto Optimality）也
称 为 帕 累 托 效 率（Pareto
Efficiency），指的是资源分
配的一种理想状态。假定一
群人和可分配的资源，从一
种分配状态到另一种状态的
变化中，在没有使任何人境
况变坏的前提下，使得至少
一个人变得更好。帕累托最
优状态就是不可能再有更多
的帕累托改进的余地。如果
不是帕累托最优，则存在这
样一些情况：有一些人可以
在不使其他人的境况变坏的
情况下使自己的境况变好。

③ 卡尔多改进是指如
果一个人的境况由于变革而
变好，他能够补偿另一个人
的损失而且有剩余，那么整
体的效益就改进了。

不得不承认，此时，不同区域之间的经
济社会发展差距已经充分显现出来了。
这一大的趋势，每一个人或多或少都能
感受到。80 年代中期，改革开放的总设
计师邓小平先生多次强调，要允许一部
分地区、一部分人先富起来，通过先富
帮后富，最终达到共同富裕①。80 年代
的中国必须这么做。改革开放，就是要
寻求突破。80 年代的中国，需要增量改
革，需要区域突破。此时的改革，很多
领域存在帕累托改进②：资源配置状态改
变，全部或部分人受益，没有人受损。
有些领域，虽然不存在帕累托改进，但
存在着卡尔多改进③：有人受益，有人受
损，受益者在一定程度上补贴受损者。
此刻，大家很容易形成改革共识。进入
90 年代，帕累托改进的领域逐步减少了，
增量改革的共识分化了，区域分化了，
行业分化了，单位分化了，阶层分化了。
存量改革的脚步来了。

春江水暖鸭先知。顺势而为，是选
择的基本原则。老师们的离开，不是随
波逐流，不是喝下了"忘情水"，而是个
人理性选择的结果，是知识这一生产要
素的再配置。从全国整体来看，这一再
配置是有效率改进的。从兰州大学来看，

知识要素的存量受到了冲击，尤其是一些很难替代的存量。兰州大学的，就是中国的，就是世界的。当时，一位老师对我说："兰州大学的国际声誉，是高于国内声誉的。"这句话充满着自豪，也饱含着苦涩。

老师们理性选择的背后，是利显性化的过程，是理性计算的过程。这一过程，是老师们的自由选择。自由选择范围的扩大，就是社会福利的增加，资源重新配置可能出效率。

## 4. 尘埃落定

1994 年，90 经管的 47 人，只有 42 人一同毕业了：1 人转了专业，1 人因病退学，3 名体育特长生并入了下一级。经过大四里几个月的各自搜寻，同学们都匹配到各自的社会位置。

其中，7 人毕业直接攻读硕士学位，占了六分之一，这一比例是比较高的，在当时不具有代表性。这当中有偶然的因素，也是个人理性的必然结果。在很多人看来，读研的机会成本还是很高的。记得父亲的一位朋友，听说我要读研，很是不解，很疑惑地问："为什么要读研究生？出来工作多好！"

的确，重视现在，还是重视未来，是人类面临的永恒难题。人的一生，时间是最稀缺的；读研，是选择面向未来。在传统体制下，现在和未来都充满着某种程度上的确定性，选择不是一件困难的事情，更何况，选择往往不是个人决定的，而是由组织分配的。现在，进入市场经济了，自由选择范围扩大了，自主权利提升了。自由是你的，自由选择的结果也是你的，无论是好，还是不好。市场经济的特征之一就是自主决策，自负结果。体制转轨的过程，就是由上级集中决策迈向个体自主决策的过程。我们开始尝试了。

宏观上讲，高校是全国人力资源配置的一个关键环节。90 经管毕业生去向的分布特征是具有代表性的。

当时，生源地效应是最明显的：从哪里考过来，又回到哪里去。初次就业，很多同学又回到了生源地所在省，90 经管 42 人中，有 26 人在生源地所在省就业或求学，占比超过了 60%。在传统体制下，生源地效应是常态，回到家乡是常见的。这一惯性，依然发挥着作用。但是，事情似乎在发生变化，不同地区的生源地效应，正在呈现差异，沿海发达地区的这一效应正在强化，而中西部地区的这一效应正在弱化。

就业的省会城市效应也很明显。90 经管，有 26 人在省会城市初次就业或者求学，占比超过了 60%。到省会去，是一个明显的趋势。即使回到生源地，向省会进军，也是一种理性选择。由此看来，上大学可以向生源地省会城市集聚，这是上大学的好处之一。此时，省会城市效应只是一个开始，未来愈加强化。

东道主效应也是明显的，在哪里上大学，就在哪里工作或继续上学。90 经管就有 11 人留在了甘肃。其中，8 人是本省生源，生源地效应使然；3 个外省来的同学，在兰州大学继续求学。除了继续在本校求学的 3 个人之外，外省的同学竟然没有 1 个人在甘肃就业，这是令人惊奇的。

就业的区域偏好逐渐显现，"北上广"效应初步显现。90 经管，没有同学来自"北上广"，但初次就业或求学，有 8 人到了北京、上海、广东。这一效应，日益强化。这是自觉的行为，也是努力的结果。2010 年前后，流行一个口号：逃离北上广，这是因为这些城市房价太高了，生活成本太高了。但是这一口号很快就被"回到北上广"所替代，因为在这些城市，只要努力，就会有回报。

## 5. 泪洒车站

中学时代写作文的时候，开头常常是"光阴似箭，日月如梭，弹指一挥间"，其实内心并没有太多的感受。大学时代，岁月匆匆，真是弹指一挥间，毕业就在眼前。这时，大家真正感受到徐志摩"悄悄的我走了，正如我悄悄的来；我挥一挥衣袖，不带走一片云彩"的心情。诸多情感涌上心头，就在毕业晚会上抒发和挥洒。

想到毕业晚会，我就想说一句：厉害了，我的经济系。经济系的学生意气风发，诸事皆率先而为，举全系之力举办一台毕业晚会，这是每年的惯例，也是系学生会的年度大事。这一晚会的影响力，有时不亚于学校的毕业晚会。学生时代，亲自践行这些活动，是最好的"Learning By Doing"（干中学）。组织能力、协调能力、沟通能力、表达能力等，经过实践检验，从而得到提升。上大学的好处之一就是：早练。经历过，练习过，实践过，体验过，才能做到行随心动，协调有序。

90 经管的诸位少年自然是毕业晚会的主角。两位男同学的吼唱"朋友啊朋友！你可曾记起了我？如果你有新的，你有新的彼岸，请你离开我，离开我"，把臧天朔[①]的《朋友》演绎得声情并茂，也充分表达了离别的悲伤。此时，周华健[②]的《朋友》还没有问世，其中的歌词更能表达这一离别的心情："朋友一生一起走，那些日子不再有，一句话，一辈子，一生情，一杯酒。"

"沧海一声笑，滔滔两岸潮，浮沉随浪只记今朝。苍天笑，纷纷世上潮，谁负谁胜出天知晓。江山笑，烟雨遥，涛浪淘尽红尘俗世知多少。清风笑，竟惹寂寥，豪情还剩了一襟晚照。苍生笑，不再寂寥，豪情仍在痴痴笑笑。"[③]1990年流行的《沧海一声笑》，我们唱了四年。临近离别时刻，再次唱起这首歌，心中百感交集。

与毕业晚会同等重要的是毕业聚餐。这是生活委员与其他班委必须精心安排的活动，费用由班费支出。这是大家所期待的，几乎没有缺席者。聚餐的主题之一是同学情。或白酒，或啤酒，觥筹

① 臧天朔，北京人，中国摇滚乐歌手，流行乐坛上实力派的代表人物之一。

② 周华健，1960 年生于香港，中国流行乐男歌手、音乐人、演员，毕业于台湾大学。《朋友》是由刘思铭作词、刘志宏作曲、洪敬尧编曲、周华健演唱的一首歌曲，收录在周华健于1997 年 4 月 16 日由滚石唱片发行的《朋友》专辑。这首歌成为周华健的代表作品之一。

③ 《沧海一声笑》，黄霑作词、作曲。

交错之间，同学们都酩酊大醉，无论男生还是女生。醉意之间，或清醒，或糊涂，把该说的话都说出来。四年间，年轻人都冲动过，谁和谁之间有过矛盾，有过摩擦，有过冲突，此刻，酒杯一碰，化干戈为玉帛，相逢一笑泯恩仇。同学之间，没有什么根本性的冲突，无非是一些鸡毛蒜皮的事。酒喝了，事儿摆平了，心情也舒畅了，不会带着遗憾离开校园了。由此看来，在毕业聚餐时，酒是不可或缺的东西。根据亚当·斯密的理论，这是酒的绝对优势①。这种资源配置到毕业聚餐上，是很有效率的，其产生的影响，是长久的，甚至是终生的。

聚餐的另一个主题是师生情。同学们集体或者分别向老师们敬酒，向老师们说出一些平时不敢说或者不好意思说的话，老师们都微笑聆听。人世间，有两种关系最纯洁：一种是父母和子女的关系，一种是老师和学生的关系。父母都望子成龙、望女成凤，孩子发展得越好，超越父母，父母就越高兴，越自豪；老师都希望学生学有所成，希望学生闯出一番事业，成为知识精英、财富精英、政治精英。这两种关系的相同之处是：都是面向未来的，都是重视未来

① 亚当·斯密在 1776 年出版的《国民财富的性质和原因的研究》中系统提出了绝对优势理论或绝对成本说。所谓绝对成本，是指某两个经济体之间生产某种产品的劳动成本的绝对差异，即一个经济体所耗费的劳动成本绝对低于另一个经济体。分工的原则是成本的绝对优势或绝对利益。分工可以极大地提高劳动生产率，每个人专门从事他最有优势的产品的生产，然后彼此交换，则对每个人都是有利的。

的，而不是"满眼都是现在"。这是一种代与代之间的希望传承。两者的不同之处在于：父母和子女的关系是先天的，师生之间的关系是后天形成的。源于血缘的先天关系是纯洁的，这是生命的本能，无须赘言。一般而言，后天形成的关系，竞争的成分往往大于合作的成分。但是，为什么后天形成的师生关系却是纯洁的呢？老师和学生聚在一起，是一种合作关系。学生求学的过程，是一个人力资本投资的过程。在这一过程中，学生不是一个人在战斗，而是一群人在战斗。家长是股东，是投资人。老师的作用，是不可替代的，否则，每个人都可以自学成才了。正是师生的合作，团队生产，完成了人力资本投资的生产过程，进而推动了社会进步与人类发展。经济社会的发展，往往受到边际报酬递减规律的制约。但是，师生之间的合作，却具有报酬递增的性质。你有一个苹果，吃了，就没有了；老师有一个 idea，告诉学生，老师依然有一个 idea，学生也有了一个idea，报酬递增效应显现出来了，经济社会发展起来了。正是这种报酬递增的性质，从终极意义上决定了师生关系的纯洁性，而且是长期的、终生的纯洁性。这一纯洁性，派生出同学关系的纯洁性。人的一生中，会遇见很多老师，每个老师都会和学生互动，产生报酬递增效应。永远珍惜师生情，经管少年心中这样说。

大学时代的最后一站是火车站，主题是送别。当时，飞机是奢侈品中的奢侈品。如果路途遥远，只能坐火车或者汽车。走向四面八方的同学们，绝大多数是坐火车。21 世纪以来，很多大学生到学校或者回家，常常是坐飞机或者坐高铁。交通网络的完善，交通工具的丰富，交通效率的提升，的确是经济社会发展的先行资本。更重要的是，家长的可支配收入提高了，在相对富裕的社会环境成长起来的大学生，其人生的逻辑起点就不同了。

表达离别之情的一种重要方式就是哭。那么多同学一起哭，场面是相当壮观的。旅客们见到都侧目，乘务员可能见多了这样的场面，便见怪不怪了。一个班的，一起哭；一个系的，一起哭；一个学校的，一起哭。此刻，也只有哭，才能表达离别的依依不舍。哭，表明同学们都是社会人，是纯洁的社会人。哭在此刻净化着每一个人的心。这可能是人生中唯一的一次那么多人一起哭，在记忆中伴随着每一个人的生命周期。走出校门，进入社会，将很难再有这样哭的机会。所以，让哭来得更猛烈些吧！

恋人们相拥而哭，甚至号啕大哭，毕业使情感联系充满着不确定性。的确，毕业即分手是常见的现象。但是，90 经管的恋人们，情感却是长相守的。90 经管 42 人，成就了五对恋人，接近班级总人数的四分之一。其中，有四对恋人是在读书期间恋爱的，有一对是毕业后结合的。这五对恋人都步入了婚姻殿堂，堪称班级爱情的典范。此时，恋爱是真正情感的相互吸引，不是为了早早练习，更不是物质条件的吸引，而是走向婚姻的，此情长相依。1992 年诺贝尔经济学奖获得者加里·S. 贝克尔告诉我们，男生女生为什么谈恋爱，是因为两个人在一起的效用大于两个人单独生活的效用之和，即"2 > 1 + 1"；为什么会分手，是因为两个人在一起的效用小于两个人单独生活的效用之和，即"2 < 1 + 1"。可见，90 经管的恋爱市场，是容易形成均衡的。90 经管的恋爱故事，可能是没有受到市场化冲击的纯洁爱情的见证。此后，这就慢慢稀缺了。婚恋市场的

萌动甚至异化，也是从此时开始的。货币，抑或资本，逐渐成为男生在情感市场的武器。当然，如果女生目光长远，能够重视未来，搜寻潜力股，那么，事业才是男生最大的资本。应该说，90 经管的女生们，还是很会寻找潜力股的，因为那五位"兔子爱吃窝边草"的男生，在未来的工作实践中，都表现出较高的生产率，其人力资本市场的货币定价或非货币定价都很高。

　　同宿舍的人相拥而哭。每个宿舍八个人，同居四年，这在芸芸众生中是一种难得的缘分，是天大的奇迹。舍友之间相互磨合，一起去食堂打饭，一起去打开水，一起去看电影，一起为某位同学追求意中人而出谋划策，每天晚上的例行卧谈，形成了特定的宿舍文化，终生难忘。人和人之间，面对面的交流，持久的感情，都会转化为一种类似天然的亲情，尽管这是后天的而不是先天的因缘际会。此刻，要分别了，不知道何时才能相见。情涌心头，泪眼婆娑。有人弹着吉他，吼唱起《睡在我上铺的兄弟》[①]："睡在我上铺的兄弟，无声无息的你，你曾经问我的那些问题，如今再没人问起。分给我烟抽的兄弟，分给我

① 《睡在我上铺的兄弟》，1994 年发行，由高晓松作词、作曲，林海编曲，老狼演唱。

快乐的往昔，你总是猜不对我手里的硬币，摇摇头说这太神秘……"

同班的人，相拥而哭。一起上课，一起打排球，一起到皋兰山去植树，轮流照顾生病的同学，一起排练迎新的舞蹈，太多的"一起"，骤然就要分别。未来的"一起"，何时再来，有些人，此生能否再相见？情上心头，泪盈眼眸。

火车汽笛一响，徐徐启动，送行的人随车奔跑，挥手，挥手，再挥手……此刻，市场经济的列车也快速飞驰起来。年轻的人们，满怀憧憬，走向未来。

1994 年，不平凡的一年，陪伴着 90 经管，前行着。

# 四

# 直面现实

1. 不再轻松

2. 贸易先行

3. 弃笔从融

4. 蛰伏学界

5. 失联状态

## 1. 不再轻松

一旦进入社会，开始工作，很多同学才发现：读书是天下最轻松的事，上上课，泡泡图书馆，有宿舍住，有饭堂吃，有开水打，更重要的是家长每月都会及时地寄来一笔足额的生活费。有位同学说，工作一个月，比上学16年学到的都要多。当然，这是指人际关系。在学校，大家拼的是智商；在职场，不仅要拼智商，更要拼情商，有时还不得不拼一下爹娘。每一个人，好像突然掉进了里里外外纵横交错纷繁复杂的无形关系网，稍不留神就可能把多年的努力和汗水付诸东流，如同小石头被扔进汪洋大海，掀不起哪怕一点点小浪花。

更为重要的是，一切都在重构。市场的大浪，裹挟着每一个人顺流前行，不管是宏观，还是微观；不管是直接，还是间接；不管是主动，还是被动。无论当年我们"胜天半子"的豪情是否消退，此刻，我们都意识到，脚踏实地地迈好每一步，才是最重要的。

1994 年这一年，商品零售价格上涨高达 21.7%，也就是说，100 元钱，到了年底，其购买力还不到年初的 80%。大家被通货膨胀率狠狠地剪了一次羊毛。1976 年诺贝尔经济学奖获得者弗里德曼[①]说，通货膨胀是小偷。更多人说，通货膨胀是"世界上的头号窃贼"，往往不声不响地从所有人手中窃取财富。此话千真万确，1994 年的人们切实感受到了。1988 年，商品零售价格上涨高达 18.5%，这是人们害怕价格上涨、预期自强化的结果，抢购风潮出现，个体理性而集体不理性，合成谬误出现了。但 1994 年，没有发生抢购，在一定意义上讲，人们也不敢抢购了，因为谁也不知道未来会发生什么，存量改革正在影响着每一个人。从抢购到不抢购，每一个人都在用心感受着市场；人们意识到，传统的单位福利制度在逐步解体，未来的生活只能靠自己把握；每一个自主决策，都可能影响未来的生活。在人们的目标函数中，考虑的因素越来越多，人们第一次意识到，需要基于整个生命周期做决策。市场是最好的老师，使每一个人都快速成长，1988—1994 年仅仅六年时间，中

① 米尔顿·弗里德曼（ Milton Friedman，1912—2006 ），美国著名经济学家、芝加哥经济学派代表人物之一，以研究宏观经济学、微观经济学、经济史、统计学及主张自由放任资本主义而闻名。1976 年被授予诺贝尔经济学奖，以表扬他在消费分析、货币供应理论及历史、稳定政策复杂性等范畴的贡献。

① 吴敬琏，1930 年生，当代中国杰出经济学家、著名市场经济学者。现任国务院发展研究中心研究员。1984—1992 年，连续五次获得中国"孙冶方经济科学奖"。2005 年荣获首届"中国经济学奖杰出贡献奖"。

② 这 16 条措施是：严格控制货币发行；坚决纠正违章拆借资金；灵活运用利率杠杆，大力增加储蓄存款；坚决制止各种乱集资；严格控制信贷总规模；专业银行要保证对储蓄存款的支付；加快金融改革步伐，强化中央银行的金融宏观调控能力；投资体制改革要与金融体制改革相结合；限期完成国库券发行任务；进一步完善有价证券发行和规范市场管理；改进外汇管理办法，稳定外汇市场价格；加强房地产市场宏观管理，促进房地产业的健康发展；强化税收征管，堵住减免税漏洞；对在建项目进行审核排队，严格控制新开工项目；积极稳妥地推进物价改革，抑制物价总水平过快上涨；严格控制社会集团购买力的过快增长。

国的市场经济就具备了较好的人口学基础和社会心理学基础。此刻，人们似乎切实感受到：制度重于技术。这也是著名经济学家吴敬琏①所一直主张的。

1994 年为什么会发生通货膨胀呢？弗里德曼说，通货膨胀永远是一种货币现象。这是有道理的。物价持续上涨，无非就是太多的货币追逐太少的商品。此时，国内商品供应日渐丰富，短缺现象正在逐步消失，比如粮票消失了。可见，这次通货膨胀，就是货币太多了，钱太多了，因此，就要把货币量及其增长速度控制下来。"春天的故事"发生以来，中国经济迈入快车道，1993 年经济就出现了过热现象。经济过热了，政府就要管一管了，就要宏观调控了。宏观调控的基本原则就是逆经济风向而行。经济过热了，调控就要紧缩。1993 年 6 月 24 日，国务院紧急出台的宏观调控 16 条措施②，就是方向极其正确的调控选择。16 条中，有 11 条与金融、控制货币量直接相关。时任中共中央政治局常委、国务院副总理朱镕基先生亲自兼任中国人民银行行长，就是要雷厉风行地把过快增长的货币量压下来。1993 年，堪称中国市场经济的调控元年。

但 1994 年，通货膨胀还是发生了，看来是货币量增长快了。原因之一是，1994 年初人民币官方汇率与市场汇率并轨①。这一变化，如同星星之火可以燎原。人民币汇率相当于从 1 美元兑 5.7 元，贬值到兑 8.7 元，1 美元整整升值了 3 元人民币。人民币的贬值，带来了出口的快速增加。企业挣回的美元，卖给中央银行，中央银行付给企业人民币，企业的银行存款增加，随着银行系统货币创造功能的运行，经济系统中的货币量快速增加。太多的货币追逐商品，物价就快速上涨了。一个小小的制度变化，就引起了宏观经济的翻江倒海，"蝴蝶效应"②真是无处不在。智者千虑，必有一失，这是宏观调控知识储备的不足。这是我们需要交的学费，市场意义上宏观调控的学费。

天下没有免费的午餐。经济学讲求的是，两利相权取其重，两害相权取其轻。但是要想做到这一点，是很困难的。1995 年，经济学界爆发了若干大的争论。林毅夫和张维迎 1995 年关于国企改革问题的争论被媒体誉为北大"交火"事件。林毅夫从制度适应性的角度出发，强调当时国有企业的主要问题是不公平竞争

① 人民币汇率制度分为若干时期：1949 年至 1952 年，汇率剧烈波动；1953 年至 1972 年，汇率基本稳定，保持在 1 美元兑换 2.46 元人民币的水平上；1973 年至 1980 年，汇率从 1973 年的 1 美元兑换 2.46 元逐步调至 1980 年的 1.50 元；1981 至 1984 年，双重汇率制度；1985 年至 1991 年 4 月复归单一汇率制度，随着留成外汇增加，调剂外汇交易量越来越大，价格越来越高，实际上又形成了新的双重汇率；1991 年 4 月至 1993 年底，对人民币汇率实行微调，1993 年底，人民币对美元官方汇率与调剂汇率分别为 5.7 和 8.7；1994 年 1 月 1 日取消双重汇率制度，官方汇率与市场汇率并轨，实行以外汇市场供求为基础的单一的有管理的浮动汇率制。

② 美国气象学家洛伦茨（Lorenz）1963 年提出蝴蝶效应（the Butterfly Effect）：事物发展的结果，对初始条件具有极为敏感的依赖性，初始条件的极小偏差，都将可能会引起结果的极大差异。1979 年 12 月，洛伦茨在华盛顿的美国科学促进会的讲演中举了个形象的例子：一只南美洲亚马孙河流域热带雨林中的蝴蝶，偶尔扇动几下翅膀，可能在两周后在美国德克萨斯引起一场龙卷风。此后，"蝴蝶效应"之说不胫而走。

① 厉以宁，著名经济学家，1951 年考入北京大学经济学系，1955 年毕业后留校工作、任教至今。现为北京大学社会科学学部主任，北京大学光华管理学院名誉院长。因在经济学以及其他学术领域中的杰出贡献而多次获奖，包括"孙冶方经济学奖"、环境与发展国际合作奖（个人最高奖）、第十五届福冈亚洲文化奖——学术研究奖（日本）、第二届中国经济理论创新奖等。因论证倡导我国股份制改革，被尊称"厉股份"。2013 年第十四届 CCTV 中国经济年度人物颁奖晚会上荣获 CCTV 中国经济年度人物"终身成就奖"。

条件下形成的软预算约束，企业改革的核心是创造公平竞争环境。张维迎则从现代企业理论出发，强调剩余索取权和控制权安排（即所有权）的重要性，认为改革的出路在于将企业中的国有资本变成债权、非国有资本变成股权。一个更为宏观的争论是，控通胀，还是保就业。我国两位著名经济学家吴敬琏和厉以宁①就通胀和失业两个问题各自发表了自己的意见。吴先生强调治理通胀，厉先生则认为失业是首要问题。争论，很难以输赢论成败，关键在于其背后的逻辑及其与现实的契合。

一切都在表明，市场化的过程并非顺利。每一个人都被市场裹挟着颠簸向前。90 经管的每一个人，也在洪流中前行着。

## 2. 贸易先行

"你总是心太软，心太软，把所有问题都自己扛。"1997 年的大街小巷，大江南北，都飘荡着任贤齐的《心太软》①。这句歌词是人们过去几年的心态写照，一下子面临着市场的浪潮，无论是主动还是被动，"义"的显性化与"利"的逐步显性化，都必然冲突起来。

　　"利"的逐步显性化的第一步是套利。贸易的动力就是通过价差套利。90经管的同学们，初进职场，从事贸易的居多，包括国内贸易和国际贸易，颇有一些贸易立国的味道。这也许与大学时期教授会计课程的一位老师所讲的一句话有关："现在要多从事些流通领域的工作。"这位老师"干中教""教中干"，兼职从事贸易工作，风生水起，是很多同学的贸易实践参照系。更可能的是，同学们学生时代的贸易实践，有了一定的路径依赖效应。其实，贸易是人类生存和发展的本能反应，供给和需求的相

① 《心太软》是任贤齐的成名作，由小虫作词、作曲，收录在任贤齐 1996 年发行的同名专辑《心太软》中。1997 年这首歌曲获得了第二十届十大中文金曲优秀国语歌曲铜奖。

遇是人类发展的福音。许多国家的兴起，就起飞于贸易，贸易立国的实践，比比皆是。当时，大众创业的激情高涨，尽管"创业"这个词并不流行，流行的是"下海"，但很多人"下海"就是做贸易。

90经管的同学，初进贸易领域，也是摸着石头过河，跌跌撞撞，曲曲折折，既有深受儒家教育影响的下意识的内敛和腼腆，又有初进职场的豪情万丈和横冲直撞而又受到潜规则约束的警醒与无奈。人，总是要长大的。社会是最好的大学，这是毕业后同学见面常说的一句话。领导的看法是每个人心中最大的法，这是毕业后同学们面临的最大心理冲击。每个人心中都有一个自由王国，但又不得不面对现实世界。的确，当"义"与"利"显性冲突的时候，虎虎生风的激情、彬彬有礼的气度，正逐渐演变成随机应变、相机抉择的"猴气"，甚至随波逐流的"匪气"，这是必然的。

更为重要的是，当时的宏观环境正好处于大转变时期，商品由短缺状态逐步转变成相对过剩状态。这一宏观供求格局转变对从事贸易的同学的冲击，影响是巨大的，有商品就能赚钱的时代过去了。

　　有些同学一开始做贸易，但后来转行做其他工作了；有些同学一直做贸易，且应时而变，深入产业领域。有位同学，到河北某国有企业做国际贸易，主要从事中亚市场的药材贸易，后来自己出来做贸易，再后来到格尔木建设了生产基地。其公司生产的枸杞，后来成为90经管同学聚会时的礼品。从贸易到产业，既是一个人的选择、一个公司的选择，也是一个地区、一个经济体的选择。温州人也有过相似的经历，笔者《选择的变迁》一文总结了温州人的时代变化。马克思说过："荷兰作为一个占统治地位的商业国家走向衰落的历史，就是一部商业资本从属于工业资本的历史。"贸易强国荷兰的最大教训就是没有从贸易立国走向产业兴国。

---

**选择的变迁**

　　可怜的温州人。改革开放初期，温州人跑到全国各地做小生意，就是利用价差做区际贸易。白天黑夜，风餐露宿，不怕苦不怕累，能挣一分钱就挣一分钱，但天道酬勤，众人眼中的"可怜的温州人"率先享受了贸易红利。这是20世纪80年代。

　　可怕的温州人。率先享受贸易红利的温州人，逐渐意识到，如果自己生产产品，就能挣到产业利润、生产利润，岂不更好。行随心动，温州人开始自己生产产品。在短缺的市场环境中，只要生产出来，就能卖出去。

结果，粗制滥造、假冒伪劣的产品出现了，并充斥着市场。人们谈温州货色变，温州货成了可怕的温州货，温州人成了可怕的温州人。这是 20 世纪 90 年代初。

可敬的温州人。温州货卖不出去了，温州人壮士断腕，开始自救，商会、企业、企业家、政府等各界人士同仇敌忾，立志要做质量可靠的产品。行随心动，温州货成了驰名中外的温州货，温州人成了可敬的温州人。这是 21 世纪第一个十年。

可惜的温州人。享受贸易红利和产业红利的温州人，成为中国的先富阶层。先富阶层，开始从产业领域进入资本市场，谋求财产权收益，从温州炒房团到民间借贷的繁荣，赚钱的方式发生了变化，从钱通过产业赚钱，变成了钱通过钱来赚钱。但金融的风险及其不可控性，超出了很多人的认知和能力，风险敞口涌现，温州人变成了可惜的温州人。这是 21 世纪第二个十年。

可喜的温州人。2011 年国庆期间，温家宝总理到温州视察，显然是有特定意义的①。经历了风雨，交了学费，做贸易与产业出身的温州人认识到了：金融体系要服务于实体经济。行随心动，温州人行动起来，服务于实体经济的金融体系正在培育中。

90 经管的同学，通过"干中学"，深入产业领域之时，正是中国工业化进程快速推进的时期。1848 年，马克思在《共产党宣言》中指出："资产阶级在它的不到一百年的阶级统治中所创造的生产力，比过去一切世代创造的全部生产

---

① 温家宝总理强调，支持中小企业发展具有全局和战略性的重要意义。一要认真落实并完善对小微企业贷款的差异化金融监管政策。二要明确将小微企业作为重点支持对象，支持专为小微企业提供服务的金融机构。要督促各类银行切实落实国家支持中小企业特别是小微企业发展的信贷政策。三要加大财税政策对小微企业的支持力度，延长相关税收优惠政策的期限，研究进一步加大政策优惠力度。四要切实防范金融风险。

力还要多，还要大。……过去哪一个世纪料想到在社会劳动里蕴藏有这样的生产力呢？"90 经管的同学们当时恐怕都没有想到，2008 年的中国制造业位居世界第一。但不管有没有想到，总之同学们为之做出了贡献。

1997 年《心太软》的风行，也是因为东亚金融危机对人们的心理冲击。正在建设社会主义市场经济的人们，经历了 1993 年的经济过热和宏观调控 16 条，经历了 1994 年的通货膨胀，经历了 1995 年防通胀还是保就业的争论，经历了 1996 年软着陆的世界一枝独秀和举国自豪，经历了 1997 年香港回归祖国怀抱的全民欢腾，这时金融危机来了，索罗斯[①]来了，人们意识到世界和原来有些不一样了。汹涌而来的金融危机，冲击着初进职场的同学们，无论是做贸易的，还是做产业的。

90 经管的同学，从政的不多，这可能与 20 世纪 90 年代"走到体制外"的下海潮有关。而从政的几位同学，无论是在中央部委，还是在地方政府，都做得风生水起，为国家治理能力和治理体系现代化做出了贡献。谁能想到，2005 年之后，"回到体制内"又成为潮流，大

① 乔治·索罗斯（George Soros，1930—　），生于匈牙利布达佩斯，美国籍犹太裔商人，著名的货币投机家和股票投资者。任索罗斯基金管理公司和开放社会研究所主席。1997 年 7 月，泰铢大幅贬值，他用自己数以十亿的资金做赌注来对付泰铢，从而给泰国货币危机火上浇油，引起东南亚金融危机。

学生无论是学哲学、文学、历史、经济学、管理学、社会学、考古学、法学、新闻学的，还是学物理、化学、数学、生物、信息科学、爆破工程的，毕业时都要做一件事情：报考公务员。"学而优则仕"又成为人们的选择，真是"三十年河东，三十年河西"。

## 3. 弃笔从融

90 经管有三位同学被推荐免试攻读本系硕士研究生学位，其中一位同学，本来是要留校的，但他敏锐地意识到，中国金融市场已经开始起飞，20 世纪 90 年代初出生的股市进入快速发展阶段，证券业前景无限。他在读书期间，已经开始炒股。硕士毕业后，他毅然"弃笔从融"，成为我国证券业人士 1.0 版。这位同学，是胆大的，是心细的，是勇敢的，是富有激情的。无畏的精神是进入市场的逻辑起点。当时，有众多人都"弃笔从融"。我的一位硕士师弟，本是高校教师在职攻读硕士学位，尚未毕业之时便毅然投身某证券公司，事业做得风生水起。产业的发展，需要金融体系的发展。当时金融人才极其缺乏，这是一个新的短缺市场。发现新的短缺市场，勇敢进入，市场是会给予奖励的，第一批进入者便享受了市场红利。

当时是我国第一个全民炒股的时

① 1996 年伊始，股票市场跌得一塌糊涂，没有人知道这一年的股市会怎么样。1996 年 1 月 19 日，沪指盘中出现新低 512.83 点。但一波大行情就此拉开帷幕。以深发展为首的绩优股率先发力，深科技在短短 3 个交易日内，股价从 7.09 元涨到 20.99 元，涨了近 2 倍！到当年 12 月，上证指数基本翻倍，盘中最高见于 1258.69 点。1996 年 10 月底，管理层在 1 个月的时间内连发 12 道"金牌"提示风险。1996 年 12 月 16 日，《人民日报》发表题为"正确认识当前股票市场"的特约评论员文章，指出对于目前证券市场的严重过度投机和可能造成的风险，要予以高度警惕。这给发烧的股市狠狠浇上了一盆冷水——当日开盘 4 分钟内，两市 499 只股票，除 6 只停牌外，几乎全部跌停！大盘几乎连续三天跌停，上证指数最低跌至 855 点。

② 参见：朱镕基：《朱镕基讲话实录》第二卷，北京：人民出版社 2011 年版，第 377 – 378 页。

代①。1996 年 12 月，时任中共中央政治局常委、国务院副总理朱镕基曾指出："今年（1996 年）4 月份之前，股市比较平稳，4 月份开始升温，9 月份后暴涨……今年 12 月份我们一天的成交量最高峰达到 350 亿元，相当于香港的 3 倍以上。这说明股市投机性很大，一些'垃圾股'，根本没有什么效益，都炒成七八元一股。为什么暴涨？大家都认为，香港回归之前，政府绝对不会让股市掉下去；否则，政府的面子不好看。以为买股票就必赚，因此今年 9 月份后新的股民进入得比较多，几个月的时间增加了 800 万户，现在有 2 200 万户人了。有近 40% 的城市人口与股票有千丝万缕的联系，股市牵动人心啊。"②

证券市场，给人们提供了单位之外的收入来源，也给人们带来极大的困惑。公共汽车上，常听见老人们在争论："你说，到底股票价格是由谁定的？它和我们到市场上买件衣服有什么不同吗?"无论是鲜衣华服之辈，还是引车贩浆之流，每个人都在谈论股票，1996 年如此，2007 年如此，2015 年如此。历史真是惊人的相似。行随心动，心随钱动。"看不见的手"正在发挥着其特有的魔力。

人们意识到，生活原来可以这样。这是财产性收入进入百姓家的初始图景，在人们心中掀起了巨大的波澜。炒股、赚钱，一下子解放了依靠单位工资的心理约束，人似乎变得平等了。人们激情昂扬，殊不知高收入与高风险二者如影随形。不管如何，股市成了自由人的财务自由联合。此时，人们还没有意识到、一个庞大的资产市场（房地产市场），一个庞大的财产性收入来源，正在孕育之中。

90 经管的同学们，既被市场裹挟着前行，又成为市场的积极组成部分，推动着市场前行，从贸易红利，到产业红利，再到金融红利。顺势而为，与时俱进，勇于创新，这不是口号，而是活生生的现实。

1997 年东亚金融危机的影响是巨大的。中国经济有些"屋漏偏逢连夜雨"的感觉。市场相对过剩了，内需不足了；金融危机了，国家承诺人民币不贬值，与我们产品同构、市场同构的周边兄弟国家货币贬值，我们的外需不足了。的确，索罗斯的冲击太大了。时任马来西亚总理马哈蒂尔在国际会议上大骂索罗斯，因为马来西亚的 GDP 一下子倒退了十年，回到了 1987 年的水平。内外夹击的需求约束，使我们迎来了改革开放后的第一个通货紧缩时代。通货膨胀，使人们的钱变得"不值钱"了；通货紧缩，物价持续下跌，不是因为技术进步，而是因为有支付能力的需求出现问题，最终的结果可能是人们变得"没有钱"了，因为企业经营困难，最终人们可能没有工作了。扩大内需成了迫切问题。

不经历风雨，怎能见彩虹。金融危机的最大好处是，人们对经济运行及其开放背景下的运行机制认识更清楚了，对金融及其衍生品的威力和传导机制认识更清晰了，对金融和实体经济的关系认识更清楚了。对中国而言，最大的好处是我们对经济市场化的秩序和逻辑认识更清楚了。记得 1996 年，中央部委的一位司长（一位优秀的系友）来学校给我们硕士生做了一场报告，讲到经济热点问题之一，就是资本项目下的可自由兑换即将提上中央政府的议事日程。当时，高通胀的退潮和经济增长速度的高涨，成功实现软着陆，给了我们快速前进的信心，社会各界都有些心潮澎湃，感觉我们进入了快轨道，我们有能力驾驭中国这艘市场经济的轮船，劈波斩浪，勇往直前。

1997 年的金融危机，为我们上了生动的一课，使我们充分吸取了泰国资本项目可自由兑换过早开放的教训。当时，麦金农的《经济市场化的次序——向市场经济过渡时期的金融控制》①进入人们视野。麦金农的观点可以简单概括为：先财政（财政收支平衡），后货币（金融市场化）；先对内，后对外；对外，先经常（经常项目市场化），后资本（资本项目可自由兑换）；资本账户开放是最后一步。

金融危机对 90 经管同学的冲击，就是生意不好做了，产业不好做了，金融不好做了。几位具有营销天赋的同学、具有金融敏锐意识的同学，和大多数人一样，在巨大的外部冲击下，只能有招架之功了。但企业家的本质是为社会提供丰富的、优质的、满足人们偏好的产品和服务。经过金融危机历练的企业家，绝大部分回归实业，这既是"春江水暖鸭先知"的市场敏锐意识使然，又是危机之后理念提升的自觉反应。

① ［美］罗纳德·麦金农：《经济市场化的次序——向市场经济过渡时期的金融控制》，上海：上海三联书店、上海人民出版社 1999 年版。罗纳德·麦金农（Ronald I. Mckinnon），美国斯坦福大学教授，当代金融发展理论奠基人。1956年获阿尔伯塔大学文学学士学位，1961 年获明尼苏达大学博士学位。长期执教于美国斯坦福大学经济系，自1984 年至 2014 年一直担任该系 W. D. 依贝尔（William D. Eberle）国际经济学教授。

## 4．蛰伏学界

　　虽然受到下海潮而引发的"读书无用论"的冲击，90 经管的同学对读书还是比较执着的，也是比较看重未来的，四位同学在本校继续读研，两位同学当年或隔年到北京读研，一位同学到上海读研，还有一位到江西读研。这些同学中，有四位攻读了博士学位。这可能与儿童时代耳濡目染的教育有关，我们常常听到老人们说："万般皆下品，唯有读书高。"这背后也许是千年流传的"学而优则仕"的意识使然。90 经管的同学面临着"学而优则干什么"的选择，多元化选择是社会分工细化的必然，"学而优则学"是一项看重未来的事情。

　　20 世纪 90 年代的人们，已经意识到资本的力量，面对资本的热浪，知识虽然作为生产要素已经开始进入市场定价，却欲说还休，处在弱势状态。市场是有记忆的，市场评价是需要考量各类参数的。指标评价，开始逐渐进入人们的工作与生活之中。其实，人们对这并不陌生，80 年代及之前，单位福利分房，也是综合各种参数进行综合打分的，比如年龄、工龄、学历、家庭人口数、各位家庭成员的资历分值等。但这一次，是市场的记忆功能在发挥作用，一切都要参数化了。

大学也是如此，各类评价指标逐渐走上大学的评价舞台，课题项目数量及其级别、经费总量、论文数量及其档次、成果获奖数及其级别、专利成果数量及其级别等，如同各级政府需要 GDP、固定资产投资、吸引外资数量、财政收入等指标一样。我在本校攻读研究生，也被裹挟其中。好在学校毕竟是综合性重点大学，底蕴深厚，不谋短期成效，采取激励而不是强制的规则。当时，学校有一个"笹川良一奖学金"，主要授予学习成绩优秀、学术能力突出的研究生，奖金超过了千元，对学生而言，这是一笔巨款。如何评奖？在满足基本的学习成绩条件后，主要看发表文章的数量和档次。一时间，一只"看不见的手"在研究生们头上挥舞，来吧，超过千元的人民币！这一激励是巨大的，如何写文章，如何发出来，就成了研究生们日思夜想之事。学术 GDP 逐渐走上了竞赛的舞台。在年初的时候，常常听到，某某老师在什么期刊上发表了什么文章，获得了数额不菲的货币奖励。1996 年某一天中午，午睡期间，校园广播突然响起：校园广播站特别报道，特大喜讯：我校顺利通过"211 工程"部门预审，成为国家在"九五"期间重点建设的高校。刹那间，校园内锣鼓喧天，同学们群情激奋。这是全校师生共同努力的胜利，是全校的自豪。

车轮一旦启动，便会依惯性滚滚向前。21 世纪以来，各高校学术 GDP 竞赛愈演愈烈，已经从激励走向了激励与约束并重，职称评审、导师资格评审与看得见的成果密切挂钩，成果多的、成果级别高的老师成为学校里的先富阶层，老师们为了出成果倍加努力，其间也出现了不择手段的行为，学术腐败的现象慢慢多了起来。钱不是万能的，没有钱是万万不能的；成果不是万能的，没有成果是万万不能的。"不管黑猫白猫，捉到老鼠就是好猫"，可测度的学术成果也就成了评价的唯一标准，不可测度的成果就成为无人问津的领域。于是，高校教师内部的收入差距，远远超过了我国东、中、西部地区的收入差距，从而成为内部收入差距最大的阶层之一，有人年收入过百万元，有人年收入不到十万元。此时，学术道德似乎成了最稀缺的物品，尽管还有许多老师坚持着底线。

由激励走向约束，许多学校的研究生也被裹挟其中，在学期间，必须在学校规定的期刊上发表多少篇文章，才能获得学位毕业，使研究生们的压力变大。有需求就会有供给。各类期刊雨后春笋般进入学生们的视野，版面的价格水涨船高。学生发了文章毕业了，学校有了文章，学术 GDP 上去了，皆大欢喜，但"钱学森之问"①就无解了。花钱发文章，从根本上摧毁了年轻学子的科研信仰。而科学需要有信仰，需要有激情，需要有惊诧。这使人想起了"李约瑟之谜"：为什么资本主义和现代科学起源于西欧而不是中国或其他文明？

① 2005 年，温家宝总理在看望钱学森的时候，钱老感慨地说："这么多年培养的学生，还没有哪一个的学术成就，能够跟民国时期培养的大师相比。为什么我们的学校总是培养不出杰出的人才?"这是关于中国教育事业发展的一道艰深命题，需要整个教育界乃至社会各界共同破解。

## 5. 失联状态

　　毕业后的十年，即 1994 年至 2004 年，同学们基本上处于失联状态，偶有联系时，听说某位同学在做什么、去了什么地方：在湖北工作的同学去了上海，去了广州，去了浙江；广州工作的同学去了深圳，去了河北；到深圳工作的同学，回到了成都；成都工作的同学，去了上海；河北工作的同学，去了青岛；天津工作的同学，又回到了兰州；北京工作的同学，去了新加坡，又回来了。点点滴滴的信息，绘制出 90 经管同学毕业后的足迹图景。这一足迹图景的背后，不仅有个人的特定约束条件，更有"看不见的手"在挥舞。

　　这是生命周期成长规律使然，什么年龄就要干什么事。这十年，时间太稀缺了。初入职场，要适应新的工作局面，要小心翼翼地处理人际关系，领导的偏好和同事的习性都要心中有数；工作不满意或不称心，要重新选择，要重新适应；无论身处何位，都想做出一番成绩，要富有激情地投入工作；挣钱，成为工作的中心任务和生活的追求，此时，每一个人都不再避讳"钱"这个字。要进入情感市场，进行搜寻，组建家庭，夫妻要磨合，芸芸众生中，两个人走到一起不容易，要操心柴米油盐酱醋茶，要处理好双方家庭的关系，不时还有一些利益纠葛。孩子出生了，整个天都变了，紧紧团结在孩子周围的家庭生活模式突然就到来了；终于熬到了孩子上幼儿园，可以稍微舒缓一下，很快小学就到了，孩子的人生竞赛从六岁就开始了。不是孩子一个人在战斗，而是一个家庭甚至祖辈两三个家庭一起在战斗，从早中晚的接送到上补习班，为了孩子，全家人都奔跑起来，整个社会都奔跑起来。

90 经管的同学们，如同全社会一样，不得不面临"位子、票子、帽子、妻（夫）子、孩子"的"五子登科"问题，这十年，是每一个同学在社会垂直流动性分层①找到自己位置的关键时期。

和同学联系，大家似乎有些力不从心，没有时间、没有精力、没有心情、没有意识、没有经济基础。显然，此刻，单纯的同学联系是奢侈品，而不是必需

① 社会垂直流动性，是指低收入阶层是否容易进入中高收入阶层。经济学家约瑟夫·熊彼特曾将垂直流动性比喻为一个宾馆。假定在某个宾馆里，宾馆房间的等级或者质量依次是：地下室房间的质量最差和条件最简陋，中间层次房间较好，顶层房间条件最好。在给定时间内，请每位旅客根据自己的经济条件和收入状况，选择心仪的房间入住。经过一段时间（五年或者十年）后，再去观察这些入住人员的选择，通常会发现，一部分原来住在地下室或者较低层次房间的人搬进了更高的住房层次，甚至住进了顶层房间中；一些曾经住在较高层次房间甚至是条件最好的顶层房间里的人员，却住进了条件一般的中间层次房间，甚至有个别人住进了地下室。

品。我们都必须为必需品而忙碌着，有时需要争分夺秒，有时需要见缝插针，有时需要见风使舵，无论内心是否充满着酸楚。"我想去桂林呀我想去桂林，可是有时间的时候我却没有钱。我想去桂林呀我想去桂林，可是有了钱的时候我却没时间。"[1]1995 年流行的这首歌，伴随着 90 经管的社会之旅，每一个人感同身受。

的确，进入社会，身份变了，社会角色变了，承担的责任和义务就不一样了。学生时代，学生的天职就是学习，就是参与并主导人力资本投资的过程，任务比较单一，衣食无忧，时间自我管理。进入社会，就像一朵浪花进了大海，可能随波逐流，可能逆流而上，也可能随机运动。

① 《我想去桂林》，毕晓笛编曲，张全复谱曲，陈凯作词，韩晓演唱。

# 五

# 心理分野

# 1. 重返校园

2014 年 8 月 7 日，阔别校园 20 年的同学们，绝大部分回到了学校，终于相见了。这要感谢技术进步，感谢微信。微信的力量太强大了，实现了全球自由人的自由联合。从电邮到短信，从 QQ 到微博再到微信，发展极其迅速。在互联网 "Always on"（永远在线）时代，地球是平的[①]，托马斯·弗里德曼说得没错。技术强大的背后，是公司力量的强大。的确，一个经济体的崛起，一定是公司的崛起。

这次相聚，从 2013 年底就开始张罗了，班长建立了 "90 经管" 微信群。同学们的信息如雨后春笋般冒了出来。一经联系，才知道：同学们可能就在身边，可能就在附近的城市。正所谓：众里寻他千百度，蓦然回首，那人却在灯火阑珊处。有了联系信息，电话联系也活络起来。迫不及待的局部聚会时常出现在微信群里：华北局数位同学聚会了；华

[①] ［美］托马斯·弗里德曼著，何帆、肖莹莹、郝正非译：《世界是平的》，长沙：湖南科学技术出版社 2008 年版。作者以独特的视角讲述了世界正在变平的过程，开放源代码、外包、离岸生产、供应链和搜索技术等被描述成为铲平世界的十大动力，揭示了一个正在发生的深刻而又令人激动的变化的全球化趋势。

东局迎接出差的同学聚会了；华南局同学毕业之后见面了；西南局迎接探亲的同学聚会了；大本营兰州同学聚会了。推杯换盏之间，大家对 8 月的大聚会充满着期待。

这是天时地利人和的必然结果。天时就是我们享受着技术红利，互联网把我们联系在一起，突破了空间限制；地利就是校园，这个让人终生难忘的地方；人和就是我们内心充满了聚会的渴望，现在有时间、有精力、有激情、有心情、有经济基础来聚会了。20 年过去了，当年的纯情少年变成了资深中年，外部的世界更加繁华，内心的世界更加丰富，纯情少年的记忆不时会在脑海中泛滥而起。

8 月的兰州，天气非常适宜聚会。同学们去了草原，班级狂欢，召开了主题班会，重登了白塔山。白塔山是兰州市区内、黄河北岸的著名景点，1990 年国庆期间班级的重要集体活动就是登白塔山游玩，此番故地重游，已是 24 年弹指一挥间。

最为重要的活动是参观校园，回到曾经的宿舍楼，回到曾经的房间，看看曾经的床铺，看看曾经的食堂、图书馆、体育馆，逛逛曾经的后花园，喷泉依旧，绿树依然，不时有"小鲜肉"经过，自己才意识到我们是学长。终于体会到了唐代诗人贺知章《回乡偶书》的感受："少小离家老大回，乡音无改鬓毛衰。儿童相见不相识，笑问客从何处来？"

经济学院特别安排了90级毕业生座谈会。经济系已经变成了经济学院，办公室已经移入新楼，授过课的老师已有华发，院领导似乎比我们求学时的系领导年轻，校友办的领导也出席了，曾经的班主任满面春风地出现了。90经管、经济学、统计学近百位同学及家属，与老师们济济一堂，温馨和谐，团结有爱，各专业代表发言，忆往事、谈今朝、看未来，谢师恩、叙友爱、聊情谊。职场归来的同学们，好久没有参加过感情如此纯粹的聚会了。的确，我们此刻更加深刻地理解了这句话：母校，是我可以骂，但绝不允许别人骂的地方。凡是上过大学的人，都有一种天然的母校情结，母校似乎成了精神家园之一。

## 2．超级女声

早生华发的同学们相见之后，谈工作，谈生活，谈家庭，谈孩子。同学们最大的感受是，时间都去哪儿了？光阴真是飞逝！2000 年以来的世界变化太快了，技术裹挟着市场极速前进。2000 年以后，90 经管的二代已是茁壮成长，步入幼儿园、小学。这些在富裕社会成长起来的孩子们与我们的人生起点已经是大大不同了。

2004 年起，年轻人突然开始追《超级女声》①，尤其是 2005 年节目更是达到疯狂，为了给自己心目中的选手拉票，有些人甚至花数十万元买无数张手机卡，发短信投票。短信功能刚刚开发出来，就显示了极大的威力。粉丝文化兴起，眼球经济、注意力经济开始登上舞台，完全颠覆了过去的经济模式和文化模式。

有一天，忽然听到年轻人都在哼着一首歌："猪！你的鼻子有两个孔，感冒

① 《超级女声》，简称"超女"，是湖南卫视在 2004 年开始举办的针对女性的大众歌手选秀赛，每年一届。此项赛事接受任何喜欢唱歌的女性个人或组合的报名。其颠覆传统的一些规则，使节目受到了许多观众的喜爱，是当时中国大陆颇受欢迎的娱乐节目。短信投票是《超级女声》的一大特色，使电视观众可以参与节目，实现互动，观众可以发手机短信的形式支持心中的选手，由于节目很受欢迎，甚至还出现观众抢手机发短信的情况，据统计2005《超级女声》短信投票的总票数 32 682 万票。

时的你还挂着鼻涕牛牛。猪！你有着黑漆漆的眼，望呀望呀望也看不到边。猪！你的耳朵是那么大，呼扇呼扇也听不到我在骂你傻。猪！你的尾巴是卷又卷，原来跑跑跳跳还离不开它。"①年轻人还哼着："我爱你，爱着你，就像老鼠爱大米。不管有多少风雨，我都会依然陪着你。"②歌曲，竟然可以这样写，可以这样唱，令我这一代人感到有些诧异。

2005年，就是一个心理分野的年份。这一心理分野，得益于技术进步，网络传播太快了。互联网一代，就是这样生活的。随着20世纪80年代初出生的第一代独生子女进入职场、成立家庭、生育孩子，很多行为模式都发生了变化。

随着第一代独生子女进入职场，"月光族"出现了：月月花光。回想1980年以前，低工资和单位福利有保障时代，是"月月花光"③，大家都是一样的。80年代，随着国有（营）企业放权让利，单位福利有所加强，员工收入增加，大家开始进行炫耀式消费和攀比式消费升级④。90年代，国有企业盘活存量资产，员工职位不稳定，收入充满着不确定性，大家开始进行整个生命周

---

① 《猪之歌》是网络歌手香香于2005年1月25日发布的首张个人同名专辑。该专辑首发销量超过50万张，创下了新晋歌手新专辑首发的最高销售纪录。《猪之歌》是由新锐网络创作音乐人毛慧作词、作曲的。

② 《老鼠爱大米》由杨臣刚作词、作曲并演唱，2005年获得第五届华语音乐传媒大奖"最佳网络歌曲奖""最受欢迎卡拉OK歌曲奖""最受欢迎网络歌曲奖"等。

③ 这是约翰·梅纳德·凯恩斯提出的绝对收入说消费行为模式，意思是说，当期消费取决于当期收入。

④ 这是詹姆斯·S.杜森贝里提出的相对收入说消费行为模式，主要观点有两点：棘轮效应，消费水平上升容易，下降困难，由俭入奢易，由奢入俭难；示范效应，一个人的消费水平，不仅取决于自己的收入水平，还取决于周围人的消费水平。

期跨式均衡配置消费资源①。进入 21 世纪，独生子女开始出现了月月花光。这与 20 世纪 80 年代以前的"月月花光"完全不同了。

我们必须理性地面对，这个变化飞快的世界，这个行为模式多元化的世界，一个代际差异极大的世界。

21 世纪以来的诸多事情，已经充分体现了：人，是有限理性的。2004 年 8 月 9 日，郎咸平在复旦大学发表演讲，点名指责格林柯尔董事局主席顾雏军收购科龙、美菱等四家公司是民企瓜分国资的一场"盛宴"。顾雏军强硬回应，由此引发了"郎顾之争"，并迅速演变成一场关于国有企业改革的大论战，进而演化成为关于改革方向、路径的大争论，被称为"改革第三次大争论"。这一争论以顾雏军锒铛入狱告终，企业家受到了来自社会各层面的质疑和莫名的压力。此后，国企改制被叫停，国有大型企业改革步调明显放缓。2008 年之后"国进民退"现象引发诸多讨论，令人唏嘘不已。企业家们不得不理性面对这个飞速变化的世界。

企业家还要面对一个更大的外部环境变化：2001 年底，中国正式加入世界

① 这是莫迪利安尼等经济学家提出的生命周期说消费行为模式，消费不仅取决于现期收入，更取决于一生的收入。每个人都根据他一生的全部预期收入来安排其消费支出。

① 1994 年 4 月 15 日，在摩洛哥的马拉喀什市举行的关贸总协定乌拉圭回合部长会议决定成立更具全球性的世界贸易组织，以取代成立于 1947 年的关贸总协定。世界贸易组织是当代最重要的国际经济组织之一，拥有 160 个成员，成员贸易总额达到全球的 97%，有"经济联合国"之称。

② 原歌词是"2002 年的第一场雪，比以往时候来得更晚一些"。歌词出自《2002 年的第一场雪》，由刀郎作词、作曲。

贸易组织（WTO）① 了。一个更大的世界舞台，摆在了国人面前。机遇与风险并存，对这句话，国人有了更为深刻的体会。2002 年及随后几年东北地区玉米的销售受到冲击，可能与此有一定的关系，使人感受到"2002 年的第一场雪，比以往时候来得更'早'一些"②。

90 经管的同学们，正值壮年，更要面对这个全方位快速开放的世界，不管主动还是被动，无论是适应还是不适应。部分企业家同学的事业都遭遇了一些波折，有些同学突然面临着财务困境，有些同学转行了，有些同学涅槃重生了。这更多的是外部冲击的产业关联效应，风雨是具有普惠性质的。的确，90 年代中期股市上的两大龙头股，在 21 世纪却悄无声息了。21 世纪初，柯达、诺基亚、摩托罗拉，这些如雷贯耳的大公司，几年之间，就悲喜两重天了。

90 经管的同学们，努力地认识、理解、适应并试图引领这个社会。市场经济这艘大轮船，与全球化的大浪，已经携手前行了。人类合作秩序的扩展，是一个必然的趋势，这是自 1492 年哥伦布发现新大陆之后，就已经势不可挡了。

1994 年毕业惜别时开启的那列市场

经济的列车，已经奔腾了 20 多年的列车，90 经管的乘客们，已经充分体会了那股前行的、不可逆转的力量，还有那翻山越岭、穿洞过桥所不可避免的颠簸了。

3. 资本舞者

90 经管的同学们，相聚时要谈的很多，其中一个重要的议题就是资本逻辑。我们这一代同学，成长的过程就是经济市场化的过程，可以被称之为市场化转型一代，我们对市场的特殊的理解和感受，似乎是向市而生的。

我们体会到，市场交易是历史发展隐而不见的真正动因，而不论历史处于何阶段、何类型；资本永远向"市"而生，碰到问题，重要的不是斩断资本链条，而是如何驾驭资本；不仅仅资本如此，人人都是如此，只不过表现形式不同罢了。

君子爱财，取之有道。所谓"你不理财，财不理你"，就是要理解、顺应并试图驾驭资本逻辑，无论是投资，还是投机。有一位同学，20 世纪 90 年代中期做贸易，后来转行做产业，之后主要时间和精力都放在了资本市场上，经历了 2007 年的 A 股 6 000 多点的全民疯狂①和

① 2007 年是中国股市值得大书特书的一年，这一年中国股市无论是指数点位、融资规模还是股民数量，都达到了历史的最高点。股市从 2007 年初 2 000 多点到 10 月创出最高点 6 124 点之后，一路下跌，到 2008 年 9 月 18 日上证下跌到 1 802 点，下跌超过 70%，很多股民损失惨重。

2015年5000多点的杠杆狂舞[1]，经历了风雨，见到了彩虹，炒股颇有成就和心得，成了一位资本舞者。这位资本舞者，不是投机者，而是坚持价值投资，不投短线，重在长线。调研尤其是实地调研，是他的基本功课。每次见他，都能听到他对所调研过的公司如数家珍，对某公司产品、产业链态势的基本判断，是通过碎片化的事实抽象出系统全面的科学研判的。其对半导体行业的分析，从美国到日本，从日本到韩国，从韩国到中国台湾地区，从中国台湾地区到大陆，历史逻辑清晰，虽然不是产业分析师，但更胜产业分析师。我们发现，做过产业再转做金融的人，与一直做金融的人，思维与行动是有些不同的，前者投资者居多，后者投机者居多。当然，这一判断有些武断，没有经过全面调查分析。

有位同学，毕业后到一家企业工作不久，就到上海寻寻觅觅，在会计师领域经过一段时间的闯荡，成立了财务分析公司，是一家现代生产性服务业企业；后来又成立投资公司，成为投资人，一位新兴金融业态的弄潮儿，另一类型的资本舞者。这位资本舞者，看重未来，充分理解金融的逻辑。一次上海相见，

[1] 2015年的股市，无论是对新股民，还是老股民而言，都是一个难忘的年份。有人说：世上本无牛市，只是起哄的人多了，便成了牛市，围观的人散了，便成了股灾。2015股市风云，上可摸5 000，下可破3 000，股指折腾、杠杆折腾、配资折腾、外贼内鬼齐折腾、股民折腾、油价折腾、美股折腾、中东折腾、券商大佬折腾、恶庄折腾。有人说：见过千股跌停，见过千股停牌，也见过千股涨停，从此股市人生完整了。

他说:"我一年可能见数十个甚至上百个年轻人,选择十个左右投资,有两三个成功就很好了。选择项目的标准,主要是人,项目好人不行,绝不能投资;项目不太差的基本可行,人品行和能力看起来可靠,可以投,可以持续投,即使这一次不成功,下一次也很有可能成功。"这位资本舞者,意识到了金融的本质:人的才华的折现。金融并非仅仅为了赚钱而赚钱,金融的存在是为了实现社会的目标,为了撮合交易,不论这些交易规模是大还是小,正是此工作将散落在各处的个人目标联结在一起。对普通人而言,缺乏资本为其创新思想融资是其致富的最大障碍;当融资变得更加容易后,创造财富主要依靠技能、创新思想和努力工作;有了金融市场充分的支持,一个人能否在经济上取得成功,就取决于其志向和才华;金融发达时,在许多产业领域,决定因素是人而不再是资本,经济活动的中心从资本变成人。

一位同学,来自毛主席的故乡,具有诗人气质,更有湖南人特有的胸襟。挥别兰州大学之后,赴上海滩,硕博毕业之后,进入某大型房地产公司,后在某大型投资管理公司担任高管,成为经理人式的企业家，又是一个资本舞者。其对房地产市场和资本市场趋势的洞察，是深入骨髓的。

一位同学，结束兰州大学本硕连读七年的学习生涯后，凭着对市场趋势的敏感，毅然进入资本市场浪里淘沙，在深圳历经大浪淘沙，随后入川担任某新兴业态公司的高管，成为经理人式的企业家，成为资本舞者。

2012 年诺贝尔经济学奖获得者、美国经济学家、耶鲁大学金融学教授罗伯特·希勒（Robert J. Shiller），著有一本畅销书《金融与好的社会》（*Finance and the Good Society*）[①]，其核心观点是一句话：金融发展，是为了形成更好的社会。其实，金融并不复杂，它根植于人的本能之中，即使三岁小孩也具备这种本能。

[①]　［美］罗伯特·希勒著，束宇译：《金融与好的社会》，北京：中信出版社 2012 年版。希勒，现就职于耶鲁大学 Cowles 经济学研究基地，为斯坦利·里索（Stanley B. Resor）经济学教授。1967 年获密歇根大学学士学位，1972 年获麻省理工学院经济学博士学位。美国艺术与科学院院士、计量经济学会会员。2013 年获得诺贝尔经济学奖。

---

### 孩子的金融本能

小明是个三岁的小朋友，我和他认识。有一天，他拿了一个苹果，还没吃。我问："小明，这个苹果给叔叔吃，可以吗？"他说："不行，我要吃。"看来，小孩子不愿意无偿转让东西。

我问："那你给我吃，明天叔叔还你一个苹果。"他说："不行，我今天就要吃。"看来，小孩子不愿意"一个苹果交换一个苹果"。

我问："明天，我还你一个苹果，再加一粒葡萄。可以吗？"他犹豫了一下，回答："不行，我今天想吃。"看来，小孩子心理有斗争，但还是想现在吃。看来，需要增加力度。

　　我问："再加三粒葡萄，可以吗?"他犹豫了，没有马上回答。他心里在做斗争。

　　我赶紧说："明天还你一个苹果，再加五粒葡萄。"他这次没有犹豫，立刻说："好。给你苹果。明天别忘了还苹果和葡萄。"成交!

　　这五粒葡萄是什么? 这是孩子的时间偏好（Time Preference），这是利息的心理学基础。这是孩子的金融逻辑的本能意识。

　　我们常说，什么事情重要，要从娃娃抓起。其实，我们只要顺应孩子的本能意识，很多事情就可以水到渠成了。

　　90 经管的资本舞者，深刻地理解了金融的要义，并且实践着。我们体会到，如果金融做得好，真正实现人的才华折现，真正通过完善资源配置服务于产业发展，金融就将成为好的社会的微观基础。

## 4. 超乎想象

即使是成功的资本舞者，也要经历风风雨雨。一次相见，一位同学道出了曾经的窘境：总体而言，炒股没有赚到钱，前几年无意买的房子却赚钱了。

的确，天下没有免费的午餐。市场，一定要经历过，才能深刻领会。小时候，读唐代杜甫《茅屋为秋风所破歌》："安得广厦千万间，大庇天下寒士俱欢颜，风雨不动安如山。"当时只是觉得：有间房子很重要。但 2000 年以来，房子给人们上了一堂生动的、令人记忆深刻的、超乎想象的经济学课，普及了经济学的知识。我所指导的一位研究生工作后和我说了一段话："老师，这一年，比我在过去 18 年的学校学习得到的东西都要多，很多经济学逻辑都懂了。"Learning By Doing（干中学），看来是很有道理的。

2003 年，当温州炒房团、煤炭炒房团在上海兴风作浪的时候，大众开始懵懵懂懂地意识到住房市场的起飞。1998

① 我国传统的福利分房，是由国家和职工所在单位包下来投资建设好的住房，以实物形式直接分配给职工消费的，基本是无偿分配或近似无偿分配。1978年邓小平提出关于住房制度改革的问题。同年6月，中共中央、国务院批转《全国基本建设工作会议汇报提纲》，正式宣布将实行住宅商品化的政策。1986年以后，掀起第一轮房改热潮。1991年6月，国务院颁发《关于继续积极稳妥地进行城镇住房制度改革的通知》，要求实行新房新制度。1994年7月18日，国务院印发了《关于深化城镇住房制度改革的决定》，内容包括把住房实物分配的方式改变为以按劳分配为主的货币工资分配方式。1998年7月3日下发《关于进一步深化城镇住房制度改革加快住房建设的通知》，明确指出在1998年下半年开始停止住房实物分配，逐步实行住房分配货币化。

年我国开始停止住房实物分配，逐步实行住房分配货币化①，一个巨大的住房市场蓄势待发。但是，谁也没有想到，从2003年到2017年，房价连续疯狂上涨了15年，2005年的普涨，2007年的快涨，2009年短暂徘徊之后的又涨，2010年的普涨，2014年后的疯涨，房子的产品属性（居住）完全被其金融属性（套利）所压制、主导，以至于2016年12月中央经济工作会议提出"房子是用来住的，不是用来炒的"。如何压制或减少房子的金融属性，引导房子回归产品属性，成了一道难题中的难题。

无论是资本舞者，还是有房者，90经管同学们最大的心理分野是体会到：财产权的极其重要。有恒产者有恒心，无恒产者无恒心。这冥冥之中，与求学期间的初识新制度经济学，似乎有了一种心灵呼应。现实，比书本更加鲜活。

从劳动收入迈向财产权收入，这是一步巨大的跨越。劳动收入，多是要依附于某个单位的，无论是资本雇佣劳动的企业，还是全心全意为人民服务的公务员，以及"春蚕到死丝方尽，蜡炬成灰泪始干"的教师。而财产权收益，不一定依附于某个单位，其背后更多的是个体的自由选择和才华的恣意挥洒。索洛[1]的新古典经济增长模型，经过费尔普斯[2]的梳理，有一个著名的"经济增长黄金律"结论：吃掉你的劳动所得，存起你的资本收益。这是有道理的，劳动所得保障体面的生活，存起资本收益保障"钱生钱"。

[1]　罗伯特·索洛（Robert M. Solow），因其对经济增长理论的突出贡献而于 1987 年被授予诺贝尔经济学奖。1961 年荣获美国经济协会的约翰·贝茨·克拉克奖。1964 年曾任经济计量学会会长。

[2]　埃德蒙·费尔普斯（Edmund S. Phelps），是就业与增长理论的著名代表人物。曾执教于耶鲁大学和宾夕法尼亚大学，1971 年起任美国哥伦比亚大学经济学教授。任美国科学院院士、美国社会科学院院士、纽约科学院院士等。2006 年获诺贝尔经济学奖。

## 5. 四十更惑

2014 年的聚会，同学们感慨，青春不再，所有同学都过了四十岁，许多同学已生华发。承认并正确面对生命周期的自然规律，理性看待每一次体检报告，坦然面对各项指标的或高或低，这是又一次心理分野。

孔子云："吾十有五，而志于学。三十而立，四十而不惑，五十而知天命，六十而耳顺，七十而从心所欲，不逾矩。"[1]但 90 经管的同学们却觉得：四十更惑。的确，我们生活在一个开放社会之中，让世界显得丰富多彩的"黑天鹅事件"[2]也层出不穷，只有想不到，没有做不到，有时候不知道的事比所知道的事更有意义。

从没有固定电话，到开始出现 BP 机，到固定电话普及，到手机出现，到智能手机；从自行车，到公交车，到私家小轿车，到地铁，到高铁，到共享单车和共享汽车；从蜗居，到小套商品

① 语出（春秋）孔子《论语·为政》。

② 黑天鹅事件（Black Swan Event）指非常难以预测且不寻常的事件，通常会引起市场连锁负面反应甚至颠覆。在发现澳大利亚的黑天鹅之前，17 世纪之前的欧洲人认为天鹅都是白色的。但随着第一只黑天鹅的出现，这个不可动摇的信念崩溃了。黑天鹅的存在意味着不可预测的重大稀有事件，它在意料之外，却又改变一切。人类总是过度相信经验，而不知道一只黑天鹅的出现就足以颠覆一切。参见［美］塔勒布著，万丹、刘宁译：《黑天鹅：如何应对不可预知的未来》，北京：中信出版社 2008 年版。

房，到豪华大房；从收音机，到收录机，到 CD 机，再到 VCD、DVD。这四十年似乎浓缩了西方社会上百年的历程。

我们也意识到，万物皆有序，任何事情都有其产生的逻辑，这个世界没有错，只是无论是面对世界大事，还是家庭琐事，我们都是有限理性的。

---

### 防盗门不仅防盗

2000 年 7 月，从中国人民大学博士毕业后，我来到暨南大学经济学院工作。这一年我 29 岁，一身书生气，颇有"恰同学少年"之感，走在校园中有陌生人总问路："同学，到××学院怎么走啊？"每当此时，心中别有一番滋味。

年轻的老师正因为如此，容易和同学们打成一片，课上互动课下聊，同学们与我聊的范围比较广，经济学、历史、哲学、社会学等都有涉猎，学习、生活、情感等全有覆盖，话题无禁区。

2003 年 6 月底，有一天，接到一个常和我聊天的同学的电话："刘老师，今天晚上有空吗？我要毕业了，离校前想和你聊聊。"我和学生的约定，从来都是有时间就聊，没时间就另约，不要有负担。恰好那天有空，就说："你来吧，晚上 7 点。"

7 点准时响起了敲门声。我对学生的要求是，准时。迟到，就是浪费别人的时间，就是谋杀。

我一开门，这位同学说了一句话："刘老师，我一看防盗门，就看出来贫富差距。"我说："你说了一句实话，描述了一个事实，看来今晚上有话题聊了。"我对学生聊天的要求是，真实。话语要是真实的表达，否则聊天就没有意义。

学生看到了什么？我住的楼房每单元每层住两户，我家和邻居家住对门。邻居家的防盗门是豪华型的，很漂亮；而我家的防盗门是极其简陋型的，钢筋铁栏杆组成。的确，学生说了实话，一看防盗门就看出了我和邻居家的贫富差距。学生说实话，我很高兴。更高兴的是，我要求学生一定要多观察现实世界，力图发现背后的经济学逻辑。学生能善于观察，我高兴。

君子之交淡如水，一杯清茶落座。

我说："谈谈吧，四年大学的感受，说实话。"

学生说："说实话，这四年，啥都没学到。"

我说："谢谢你，对我说了实话，这可能不仅是你一个人的感受，而是很多同学的感受。这句话也许换一个说法更准确：四年学了很多课程，觉得没有什么用。"

学生说："嗯，对对。您的说法更准确。"

我说："为什么会有这种感受呢？可能是你们学的知识，还没在工作中用到，你们有判断滞后性。当用的时候，才知道有没有用。比如说，我们经济学有用吗？"

学生说："老师，您举个例子。"我作为一个经济学老师，使命是经济学布道，要把经济学原理和经济学逻辑讲清楚才行。所以，我喜欢举例子或讲故事来讲经济学原理。学生也很喜欢这一方式。

我说："比如你刚刚说的那句话：一眼就看出了贫富差距。这是事实。我刚刚参加工作，收入不高，比较穷。对门邻居家，比我家富多了。但你除了看出贫富差距，还看出了什么？仔细想一想，有没有新发现？"

学生说："老师，您是什么意思？能不能提示一下？"看待问题，角度和切入点很重要，切入点找准，问题往往就迎刃而解了。如此看来，这位学生深得我真传，首先想到切入点问题，他在寻找切入点。

我说："我讲过，古人有句话很好：有恒产者有恒心。对应的是：无恒产者无恒心。能不能以此深入分析一下防盗门。"

学生说："老师，还没找到门道，您还是帮我分析分析吧。"这不怪学生，因为他不了解一些背景。

我说："我常说一句话：命苦不能怨政府。老师我就是命苦之人。广州市福利分房，1999年底就结束了。我2000年7月初到暨南大学报到开始工作。只差半年时间，就没有享受到传统福利体制的优越性。命苦啊！我现在住的是周转房，学校租给我家的房子只供临时住，租金不高。学校有所有权，我只有暂时的使用权。邻居家则享受到传统福利体制的优越性，福利分房，所有权是他们家的，使用权当然也是他们家的。"

学生说："您是说，产权问题产生了防盗门的差异。我知道了，您不是装不起好一些的防盗门。您可能是不愿意装好一些的防盗门，是吧？"学生真是聪明！

我继续说："装防盗门，可以看作一个经济决策。经济决策，就要进行成本收益分析吧。装防盗门的收益是什么？成本是什么？收益就是心理的安全感。防盗门能不能防盗，在于有没有碰到开锁高手，如果真碰到，几分钟就打开了。之所以讲收益是心理安全感，是因为我在课堂上讲课时，如果家中没有装防盗门，心中会惴惴不安。如果装了，那就心里感觉安全了，毕竟还有一道防盗门。"

学生说："那收益就知道了，就定了。成本呢？"

我继续说："装防盗门，在收益既定的情况之下，花钱多少，就要看什么呢？有恒产者有恒心就发挥作用了。产权就起作用了，合约就起作用了。我租的是学校的房子，谋求成本最小化，所以装了一个最简陋的防盗门。邻居家有所有权，防盗门一定还有其他效用，所以装了一个豪华的防盗门。"

学生豁然开朗地讲："产权差异，决定防盗门差异。"

我反问："经济学有没有用？"

学生回答："有用，有用。用经济学逻辑确实可以分析身边的很多事儿。所谓透过现象看本质，就是这个意思吧。"

我说："四年所学，有没有用？"

学生回答："有用。经济学太有力量了！"

闲聊若干话题后，学生满意而归，我心释然，这样的经济学心灵对话真好。

人世间，很多事情，无法言说。就在学生毕业后的暑假，邻居家被盗了，小偷破防盗门而入。我家反而无恙。

为什么会这样？我想，可能是防盗门显示的信号发挥了作用。来到这一楼层，小偷一定也要选择，时间有限，偷哪一家呢？小偷也通过防盗门，一眼看出了贫富差距，做出了行动选择。

浸淫于经济学多年，我感受到：经济学好有力量。作为教研经济学的一个从业者，给自己一个使命：启蒙思想，张扬理性。这个社会有太多的不惑，我们需要用理性之光来照耀这个世界。从"为什么会这样"的随意发问，到"从哪里来，到哪里去"的哲学思考，都是一个逻辑问题：经济行为之间有什么联系，经济变量之间有什么联系。因果关系，成为解惑的一个终极问题。四十更惑，就是因为有太多的问题需要"因果手术刀"的解剖。

# 六

# 健康未来

～～～

## 1．为了相见

"相见不如怀念"，是社会上很多人毕业若干年后聚会的感受。时间有时是无情的，青春不再，青春的记忆和岁月的留痕出现了太大的差异，甚至可以用"鸿沟"来形容。同时，社会身份也出现了差异，大学时期的同质化身份，经过岁月的历练出现了差异，所以心理感受出现了差异。从同质性到异质性，这是可以理解的，这是社会分工所决定的，任何社会都需要这样那样的人来完成细分的工作，使社会运行有序。

但90经管的同学们，颠覆了这一常态的心理感受。同学们的聚会，是为了下一次的聚会，相见是为了再相见。这一心态，是稀缺的，是宝贵的，具有收益递增的性质。1990年，大家充满温情地照顾突然生病的新同学，这一行动是具有历史记忆的，是具有路径依赖效应的。年轻的时候，大家一起经历一些事情，是很有意义的。经历就是所得，一切都在记忆中，都在脑海中的某个角落，若干年后，一旦触发，就会在记忆中泛滥起来。

温情，是 90 经管同学的心理特质。人性本善，抑或人性本恶，都是人类思维的惰性使然。人性是在善恶之间的动态复杂过程，善恶之间，既可能是渐变，也可能是骤变。人性的动态复杂性，决定了社会的复杂性，决定了市场的复杂性，决定了历史进程的复杂性。温情，是稀缺的、宝贵的，是 90 经管人的宝贵财富。

2014 年聚会后，大家的聚会爆发式地多了起来。兰州大学作为综合性重点大学有面向全国招生的优势，同学们充分享受到了，这是重点大学的红利。无论出差还是旅行，走到哪个省份、哪个城市，似乎都能联系到 90 经管的同学，或者能见到从周边地区赶过来的同学。见到同学，分外亲切，推杯换盏，海阔天空，交流生活经验，分享工作体验，情谊进一步升华。这是聚会的温情性质，这份温情不时通过班级微信群从全国各地传来。

90 经管同学的聚会，还具有生产性质。资本市场上的舞者，坚持价值投资的实践者，从事理论研究的学者，从事企业经营的开拓者，政府部门的决策者，集思广益，头脑风暴，无边无际的闲谈，悄然间，认识都得到升华，未来都将转化为潜在生产率。90 经管的同学，是具有家国情怀的。大家谈论的，好像都是宏观大势，又好像都涉及微观个体，从小到大，从大到小，每次都感觉意犹未尽。更具生产性质的是，聚会之后，同学们进行了自由人的自由联合，尤其是企业家进行了自由联合。例如甲同学到乙同学的企业担任了财务总监，丙同学到丁同学的企业担任了总经理。

90 经管同学的聚会，是具有健康性质的。2014 年聚会之后，大家在班长的组织下，踊跃参加了马拉松比赛。2015 年的兰州马拉松、北京马拉松、上海马拉松，2016 年的成都马拉松、六盘水马拉松、敦煌马拉松，2017 年的重庆马拉松，成为同学们欢乐聚会的舞台。此时，健康成为大家关注的中心。

任何一个组织，无论是严密的还是松散的，都要有一个目标、一个理念、一个信念、一个使命。旗帜至关重要，旗帜鲜明，成员就会自觉地团结在旗帜下。此刻，90 经管的旗帜就是快乐健康。

90 经管的同学们，身处一个伟大的时代，是创造并享受了发展红利的，虽然期间充满曲折颠簸、起起落落，虽然很多人还没有实现财务自由，但是大多数同学已经做到衣食无忧，收入预算约束线大幅度扩展了，消费组合的多样性增加了，可以实现"说走就走的旅行"了。按照马斯洛需求层次理论[①]，同学们的需求层次提高了。

此刻，享受闲暇逐渐走到人们心中。人的一生，所有的选择似乎都是时间配置。工作和闲暇，如何实现替代，不同的生命周期阶段，人的选择是不同的。此刻，闲暇的心理效用，大幅度提升了。一句话，人们开始追求生活品质了。

作为变革时代的见证者，90 经管的同学们，正在经历着这样的心理历程，并付诸实践。行随心动，自然前行。

[①]　马斯洛需求层次理论，是美国心理学家亚伯拉罕·马斯洛在 1943 年在《人类激励理论》中提出的，将人类需求像阶梯一样从低到高按层次分为五种，分别是：生理需求、安全需求、爱和社交需求、尊重需求和自我实现需求。

## 2. 行随心动

① 都江堰位于四川省都江堰市灌口镇，是中国建设于古代并使用至今的大型水利工程，被誉为"世界水利文化的鼻祖"，是全国著名的旅游胜地之一。

2016 年 3 月 27 日，成都"双遗"马拉松赛在都江堰①鸣枪开跑，赛事吸引了全球 3.2 万跑步者参与，超过 10 万跑步爱好者来到现场，感受这一盛事。赛道穿越青城山都江堰景区、大熊猫栖息地，是奔跑在世界文化遗产和世界自然遗产双遗产的马拉松赛事。

来自北京、石家庄、上海、苏州、广州、惠州、重庆的同学，与成都的同学胜利会师。有的参加全程马拉松，有的参加半程马拉松，有的做啦啦队。

第一次现场体验马拉松，感受到的不仅是体育，还有狂欢。全程马拉松、半程马拉松、Mini 马拉松、欢乐跑，选手们各安其道。参赛服是一道亮丽的风景线，有组委会的参赛服，有公司参赛选手的工作服，有企业赞助的广告服，有体现个性的漫画服，有中东的王子服，有古代宫廷服，有童话世界里的动物服，有哈利·波特的道具服，有太空服，有自己设计的服装，五彩斑斓，眼花缭乱。有个人参赛，有家庭参赛，有同学一起参赛，有朋友一起参赛，有公司员工一起参赛，有模特一起参赛，有高龄老人参赛，也有孩童参赛，男男女女，老老少少，欢歌笑语，一路奔跑，有人挥舞着旗帜，有人挥舞着加油棒，有人挥舞着手中飞扬的丝带，有人欢快地与路边的呐喊者击掌相庆。比赛的起点，锣鼓喧天；路途之中，呐喊声、加油声此起彼伏；终点将至，雄壮的歌声催人奋进，广播员充满着激情，更充满着理性："科学比赛！不能盲目冲刺！"这是一场全民欢聚的大 party！90 经管跑团的旗帜就在其中飘扬。

马拉松，不仅仅是对身体的磨炼，更多的是对心理的升华，情感的飞扬。为心而来，同学们享受着这一刻。都江堰的聚会，是为了下一次聚会。大家商议，十一国庆期间，参加敦煌马拉松。消息传到微信群，大家沸腾了，很快商定了聚会主题为 2016 丝绸之路欢乐行；口号是"愿你出走半生，归来仍是少年"。挥手告别，大家期盼着国庆节的到来。

10 月 1 日终于到了，大家相聚兰州

中川机场，大巴启动，欢声响起，同学和伴侣、孩子，30多人在车上似乎没有了年龄差异，伴随着欢笑，大家向此行第一站武威出发。有位同学本已买好机票，因工作原因不能成行，其太太代为参加，与90经管同学融为一家，堪称佳话。90级经济系其他专业的两位同学，也受邀盛情参与，感受90经济系人的温情。两位班主任及其伴侣，更是给予90经管极大的关怀，相伴同行，尽管其中一位老师因为工作关系不得不提前返回。

愿你出走半生，归来仍是少年。同学们虽然年逾四十，但心依然是二十，感受着师生情，享受着同学谊。

车窗之外，秦朝汉代的古迹依然存在，尽管是残垣断壁，我们依然感受到金戈铁马，似乎回到2000年前。古之中国，丝路繁荣，兵家必争，秦皇汉武，各领风骚。今日"一带一路"倡议，似乎是一种大历史的呼应。邓小平同志曾经多次强调，目前我们处于并将长期处于社会主义初级阶段，需要几代人、十几代人甚至几十代人的努力才能进入下一阶段。这是一种大历史的眼光。孔子后人到现在，也就只有75代左右。的确，我们要以沉稳的心态谋求中国梦蓝图的实现。上下千年，家国天下，万千思绪，在车中飞扬。

武威[1]，一座威武之城。一位企业家同学盛情接待，带我们实地考察规划中的丝绸之路产业园，"一带一路"倡议就在身边，90 经管同学的心是与国家战略互动的，是积极践行国家战略的。这是 90 经管同学家国情怀的传统。

一个国家（地区）的崛起，一定是公司的崛起；公司的崛起，一定是企业家的崛起、企业家精神的崛起。此理，放之四海皆为准，古今中外皆如此。90 经管同学的聚会，不仅仅是同学的情谊聚会，更是企业家同学的聚会。行车中、餐桌上、饮茶间、漫步时，企业家同学之间的交流无处不在，从世界大势到国家战略，从客源人流规模到具体成本核算，从南方思维到北方模式，不经意间，认识得到升华。从经济学意义看，这是具有收益递增性质的。这似乎是对二十多年前的商事实践的历史回应，更是对中国发展大势的大历史回应。晚清时代改良主义思想家薛福成[2]在《论公司不举之病》中说："公司不举，则工商之业无一能振；工商之业不振，则中国终不可

[1]　武威，因汉武帝为彰显大汉帝国的"武功军威"而得名，位于甘肃省中部，河西走廊的东端。武威古称凉州，历史上是著名的丝绸之路要冲。

[2]　（清）薛福成（1838—1894），江苏无锡人，出身于书香门第、官宦之家。近代散文家、外交家、洋务运动的主要领导者之一、资本主义工商业的发起者。自幼即受时代影响，广览博学，致力经世实学，不做诗赋，不习小楷，对八股尤为轻视。一生撰述甚丰，其《出使四国日记》及续刻已被编入"走向世界丛书"。

以富，不可以强。"中华民族的伟大复兴，无论古人还是今人，我们都在上下求索，不管是否"路漫漫其修远兮"。

90经管的企业家在行动。当《春天的故事》响彻大江南北的时候，90经管少年中的一些人，自身内生的企业家精神和外部的市场经济浪潮，产生了碰撞和共振，产生了初步的商务实践：卖书，卖文具，卖服装鞋帽，卖电影票，卖农产品，卖电器，开餐馆，摆台球桌……交易是历史发展隐而不显的动力。"春天的故事"加快了改革开放以来中国的市场化与工业化步伐。正是类似90经管少年们的懵懂实践，汇聚成了市场的大江大河和大海。彼时，我们懵懂；彼时，我们前行。我们心中有一团火，我们看到了市场的力量。

当1994年分税制和汇率并轨改革进行得如火如荼之际，经管少年挥手告别，走向四方，力图为经济社会发展做出自己的边际贡献。2014年，挥别20年后再聚首；2016年，丝绸之路行。少年企业家，从某种意义上说，依然是少年企业家，但不再是懵懂的，而是具备了理性的冲动。理性的冲动，这是企业家精神的力量所在。少年企业家，已经从懵懂的交易实践，走向交易背后的生产实践，产业链实践；已经从经济理性计算走向经济社会理性计算。企业家精神在升华。更为重要的是，少年企业家和国家战略互动，与大势互动，其中既有先知先觉的引领，也有顺势而为的践行。

这一企业家与国家战略互动，是看不见的手（市场）与看得见的手（政府）的握手。这一握手，意味着经济组织和资源配置方式的创新。创新，是企业家精神的精髓。创新，可以突破收益递减规律，实现收益递增。这是中华民族伟大复兴中国梦的坚实的微观基础，更是人类合作秩序的扩展。每个人在自己各自的领域，都是少年企业家。为社会提供更好的产品和服务，少年企业家这样前行着！

## 3. 又见敦煌

① 张掖，以"张国臂掖，以通西域"而得名，位于甘肃省西北部、河西走廊中段，是古丝绸之路的重镇之一，是新亚欧大陆桥要道。古称"甘州"，即甘肃省名"甘"字的由来，素有"桑麻之地""鱼米之乡"之美称，自古有"金张掖，银武威"之美誉。拥有被美国《国家地理》杂志评为世界十大神奇地理奇观的张掖丹霞国家地质公园。

挥别武威，车向张掖①。张掖丹霞国家地质公园是国内唯一的丹霞地貌与彩色丘陵景观复合区，奇险灵秀美如画，令人流连忘返。尽管阴雨绵绵，冷风飕飕，但游客依然蜂拥而至。在工作与闲暇的替代关系中，大众给闲暇赋予了越来越高的权重。

山下果农的摊点随处可见，果香浓郁，葡萄晶莹剔透，苹果色香俱佳，红枣鲜艳诱人，而且价格相对于发达省份城市是很低的。在发达省份城市，此类产品的价格可能会提高五倍，甚至十倍。物美价廉，在现实世界是存在的。存在，就是有道理的。为什么一价定律没有发挥作用呢？为什么没有区际套利呢？看来，地理原因导致流通成本太高，产品不易保鲜导致时间硬约束太强，可能是主要原因。看来，要享受"一带一路"倡议红利，西北地区要做到"人汹涌而来，物澎湃而出"，需对接"互联网+"，让物畅其流。

惜别张掖，遥望嘉峪关①。嘉峪关的城楼，游客如织，在错落有致的方形布局中秩序井然，亲临其境，才能体会雄关的壮观，才能体会人生"策马奔腾"的豪迈，才能体会"茫茫人生"的跌宕和人在天地之间的渺小，才能体会当年守城将士面对"大漠孤烟直"②的感觉。古人戍边关，今人游驿站，物是人非，时间的脚步就是这样前进着。古代的人、事、物，不经意间为当地的后人带来了源源不断的收入。历史是无情的，它会涤荡掉一切不值得记忆的东西；历史是有情的，它会保留住一切值得记忆的东西，无论是实物，还是传说。千年（也许无须千年，只要百年）之后，这些人、事、物，都会滋润着后人，无论是精神上，还是物质上。一旦一个经济体发展到居民追求休闲旅游阶段，这一历史底蕴的现金流价值就如"滚滚江水，奔流不息"了。

始建于1372年、竣工于1540年的嘉峪关城楼，经历了太多的风风雨雨，那块定城砖③的故事，流传甚广，版本也较多，但主线只有一个：古代匠人的工匠精神，令人敬佩。中国古人的工匠精神，

① 嘉峪关，被称为天下第一雄关，位于甘肃省河西走廊的西端。嘉峪关关城1961年被列为第一批全国文物重点保护单位。

② 诗出（唐）王维《使至塞上》："单车欲问边，属国过居延。征蓬出汉塞，归雁入胡天。大漠孤烟直，长河落日圆。萧关逢侯骑，都护在燕然。"

③ 定城砖指放置在嘉峪关西瓮城门楼后檐台上的一块砖。相传明正德年间，有一位名叫易开占的修关工匠，精通九九算法，所有建筑，只要经他计算，用工用料十分准确和节省。监督修关的监事官不信，要他计算嘉峪关用砖数量，易开占经过详细计算后说："需要九万九千九百九十九块砖。"监事官依言发砖，并说："如果多出一块或少一块，都要砍掉你的头，罚众工匠劳役三年。"竣工后，只剩下一块砖，放置在西瓮城门楼后檐台上。监事官发觉后大喜，正想借此克扣易开占和工匠的工钱，哪知易开占不慌不忙地说："那块砖是神仙所放，是定城砖，如果搬动，城楼便会塌掉。"监事官一听，不敢再追究。这块砖就一直放在原地，此砖仍保留在嘉峪关城楼之上。

故事很多很多。术业有专攻，这是我们每一个人要具有绝对优势或比较优势的基础，古今中外皆如此。

回首望雄关，驱车向敦煌。依然少年时，神窟心中漾。敦煌①，一个令人魂牵梦绕的地方。90经管的车厢里，开始诗朗诵："黄河远上白云间，一片孤城万仞山。羌笛何须怨杨柳，春风不度玉门关"②"渭城朝雨浥轻尘，客舍青青柳色新。劝君更尽一杯酒，西出阳关无故人。"③玉门关，阳关，曾充满了我们童年的记忆。现在，我们来了。

因路途遥远，夜幕降临，途中下车小憩。所有人几乎都在重复着一句话：好美的夜空啊！太美了！人生第一次见到如此的星空，繁星闪亮，似乎在动又好像不动，万里星空，动中有静，静中有动，有行有序，有大有小，有亮有暗，真是万物皆有序，物在心中走。此刻，无须多言，净化心灵，就在一瞬间。无语，心在动；心静，灵图腾。此情此景，远非"明月松间照，清泉石上流"所能表达，"料峭的天风，吹着头发，天边，地上，一回头又添了几颗光明"④，童年心中的意境，得到了自然实验的验证。对常年生活在城市里的人们而言，星空

① 敦煌位于甘肃省西北部，历来为丝绸之路上的重镇之一，是国家历史文化名城。敦煌东峙峰岩突兀的三危山，南枕气势雄伟的祁连山，西接浩瀚无垠的塔克拉玛干大沙漠，北靠嶙峋蛇曲的北塞山，以敦煌石窟及敦煌壁画而闻名天下，是世界文化遗产莫高窟和汉长城边陲玉门关及阳关的所在地。

② 诗出（唐）王之涣《凉州词》。

③ 诗出（唐）王维《送元二使安西》。

④ 诗出冰心《繁星》。

已是奢侈品，是极其稀缺的。高楼大厦的空间浓缩，反射到人们的心中，无形的约束在加剧。走出城市，回归自然，放飞心中的图腾，让空灵再一次任性。人生多姿在此行。

深夜到敦煌，天亮就要看到莫高窟[①]了。心中有所想，每刻皆向上。莫高窟第一站——3D莫高窟。走进放映厅，360度球形屏，汉唐盛世敦煌景象再现，千佛栩栩如生。莫高窟已经智能化了，已经全球化了，已经是全世界的莫高窟了。技术，可以让一切再现，一切重生。"科学技术是第一生产力。"[②]这句话万分正确。实地参观，千佛生意盎然，令人心潮澎湃，遂一时文思泉涌写下《信仰与匠心》一文。

[①]　莫高窟，俗称千佛洞，始建于十六国的前秦时期，历经十六国、北朝、隋、唐、五代、西夏、元等历代的兴建，是世界上现存规模最大、内容最丰富的佛教艺术地。莫高窟与山西大同云冈石窟、河南洛阳龙门石窟、甘肃天水麦积山石窟合称为中国四大石窟。

[②]　1988年邓小平在同捷克斯洛伐克总统胡萨克谈话时指出："马克思说过，科学技术是生产力，事实证明这话讲得很对。依我看，科学技术是第一生产力。"

## 信仰与匠心

有人说，历史就是小姑娘，可由人任意打扮，想编什么辫子就编什么辫子，想穿什么花衣服就穿什么花衣服。此话有一定道理，却并非完全如此。历史是有记忆的，一片纸，一幅画，一个俑者，皆是记忆。睹物追寻，昨天就在眼前。

2016丝绸之路行最后一站敦煌，就是一座记忆之城。历史是无情的，昨天，敦煌瑰宝不幸流失；历史是有情的，今天，绚丽莫高窟宾客云集。从这个角度讲，敦煌是世界的，是中国的，是甘肃的。敦煌的国际化水平，是高于甘肃的国际化水平的，因为敦煌学是非常国际化的。

游览莫高窟，颇为震撼，佛像栩栩如生，壁画绚丽多彩，虽历经千百年，依然新如昨日。佛像神态入神，壁画宛如动态。如此稀缺的、无法替代的、可能是唯一的历史记忆之体，自然是世界诸士来访的心之所向。

如此精美的记忆之体，出自何人之手？工匠！这些作品是极具匠心的，是极高的工匠精神的体现。这是当代人觉得震撼的，也是有些难以理解的，工匠水平竟然如此之高，材料资质竟然如此之高。

我想，工匠云集莫高窟，或是被迫（皇权征调），或是自愿，但他们一旦从事这项事业，一定是具有发自内心的使命感，他们心中有佛，对佛充满着敬畏。

古人云：究天人之际。在工匠们看来，佛就是天。天，就是人的理性不及之处，是至善至美的。人，需要做到：在理性可及之处努力；在理性不及之处敬畏。工匠们做到了，对佛充满着敬畏，尽最大努力高质量完成佛像和壁画。

也许他们是酒肉穿肠过，但一定是佛祖心中留。心中有佛，有了信仰，就有了匠心。唯物主义和唯心主义完美地统一了，数百个完美之窟，就流芳百世了。

从当时的社会看，那么多的人力物力财力配置到佛像和壁画上，也许没有促进当时的经济发展，没有出现公路、运河之类的经济发展先行资本。但历史有情，千年之后，历史记忆之城，成为国际文化交流之城，成为国际旅游之城。

当年没有成为经济发展资本的记忆之体，千年之后成为敦煌的最大的资本，带来源源不断的收入。

这要感谢工匠们心中有佛，才有这千年奇观。正所谓：资本恒久远，匠心永流传。

敦煌之行，难忘剧目《又见敦煌》，因为该剧是颇具匠心的，观者潮水般的参与和体验，是一次难忘的经历。我想，编导剧务舞台设计者，一定心中有自己的佛，有自己的信仰与使命。稍微遗憾的是，该剧不同场景的舞台之宏大，使其在其他地方的可复制性降低，否则，该剧的推广是极具文化价值的。

其实，人生在世，每个人心中都有自己的佛。

经管少年，每人心中都有一团火，潜意识里都有一座佛。翻译成经济学语言，就是：每个人心中都有自己的目标函数，都有自己的使命，都有自己的社会责任。为政者，从商者，研学者，都在追求至善至美。

天下兴亡我之责。心中有佛。佛度众生，我为众生！经管少年心中这样说！

　　10 月 6 日的马拉松，除全程马拉松、半程马拉松参赛选手外，所有同行的同学和家属，都参加了 5 公里欢乐跑，或手拉手，或肩并肩，或漫步一会儿，或疾奔数百米，或与路人击掌，或与同伴照相，逢水赏景，遇桥呐喊。终点处，人声鼎沸，孩子们领到参赛的纪念牌，十分激动。可以相信，这一健康实践活动的记忆基因会传承下去，又是一场收益递增的实践活动。

　　相聚总是短暂。挥别之后，大家又在期待云山珠水，12 月 9 日的广州马拉松。相见，为了再见。

## 4. 这个问题

"To be, or not to be, that's the question." 莎士比亚的这句经典台词，可以套用在很多问题上。每次相聚，总是相谈甚欢。2016年的聚会，有一个问题摆在了我们这群1970年前后出生的人面前。随着国家放开二胎政策，全社会都在热议。计划生育是基本国策，从上小学开始就伴随我们的基本国策，其内容发生了巨大变化。①

① 新中国成立后，人口快速增长，从建国初期的5.4亿人迅速增加到1970年的8.3亿人。为控制人口过快增长，20世纪70年代初，国家全面推行计划生育。1980年，党中央发表《关于控制我国人口增长问题致全体共产党员共青团员的公开信》，提倡一对夫妇生育一个子女。1982年，计划生育被确定为基本国策，并写入《宪法》。之后，国家根据人口与经济社会发展的形势，不断调整完善计划生育政策。2013年党的十八届三中全会通过"单独二胎"政策，即夫妻双方只要有一方为独生子女，就可以生育二胎。2015年党的十八届五中全会决定，全面实施一对夫妇可生育两个孩子的政策。

生，还是不生，这是一个问题。人，为什么要生孩子？20世纪60年代，贝克尔说过一句很有意思的话：孩子是父母的玩具，可以增加父母的效用。真是经济学帝国主义。此时，再生一个，能不能增加效用，对1970年前后出生的人来说，真是一个问题。

这不仅是一个社会学问题，更是一个经济学问题。毕竟，从脑动（政策）到心动，从心动到行动，这个过程充满着不确定性。即使是孩子顺利出生，三岁要进入幼儿园，六岁要进入小学开始人生的竞赛，整个生命周期前 18 年，父母似乎难有清闲之日。

20 世纪 60 年代，贝克尔还说过一句著名的话：教育是最好的避孕药。的确，受过教育尤其是高等教育的人，会从生命周期的角度进行生育决策，生儿育女重在"精"而不在于"多"。女性的教育水平更具有决定作用。从人口学和社会学意义看，教育一个男生，是教育一个人；教育一个女生，是教育一家人。女性关系到民族的未来，女性何止半边天，简直就是全部的天！贝克尔说得很有道理。

对 1970 年前后出生的人来说，此时，有些心有余而力不足，毕竟身体要遵循自然规律，精力和体力逐渐开始进入下降通道。勇敢者选择生，大多数人选择不生，不是不想生，而是不敢生，不能生。

2005 年前后，我从教的经济学院里，有几个学生做了一个很有意思的"挑战杯"学术项目：20 世纪 80 年代初出生大学生生育意愿调查。他们调查了全国 9 个省份 21 所大学 4 000 多名大学生，结果令人吃惊：多数大学生不愿意多生；

部分大学生不愿意生；部分大学生甚至不愿意进入婚姻的殿堂。虽然只是一个抽样调查，但第一代独生子女的生育意愿不强，确实是现实。这是主动不生。

被动，抑或主动，这是代际差异，更是社会变迁的真实写照，没有对错之分。从宏观逻辑讲，应该选择生；从微观个体讲，生的硬约束太多太强。

记得有一年暑假回家看望父母，和老爸开玩笑："老爸，知道吗？'我'在养着'您'啊！"老爸是在90年代初退休的。

老爸听了很生气："我不需要你养！我有退休金！"

我笑道："老爸，别生气，我的意思是，'我们'在养着'你们'！"

老爸说："什么意思，怎么回事儿？"老爸意识到，学经济学的儿子可能有故事要讲。

我说："'我们'指的是我们在职的人，现在工作的人；'你们'是指现在退休的人。"

老爸问："这有什么关系？"

我说："老爸，我问您几个问题，想当年您的工资高吗？"

"不高。基本每月都花光。"

162

"想当年您有个人退休金（养老金）账户吗?"

"好像没有。"

"想当年，您缴退休金了吗?"

"好像没有。"

"您现在有退休金了，您的退休金从哪儿来的?"

"政府发的。"

"政府发退休金的钱，从哪儿来的?"

"政府的钱，就是政府的钱!"

我笑了："政府的钱，可不是政府的钱! 我们现在工作的人，每月都要缴（不是交）养老金，上网到我们自己的账户一查，数额还不少。但实际上，这些钱只是一个数据，钱已经被政府拿来，给你们退休的人发退休金了。我们是空账运行啊! 如果领退休金的人多了，在职缴养老金的人少了，就会出现缺口，退休金就不够发了。政府也就没有钱了。"

老爸释然了："哦哦，原来是这样啊!"的确，养老金个人账户是从 1991 年才开始的。

我继续说："等我们这些人退休了，就要靠您的孙子一辈来养我们了!"

这段对话，一直存在我的脑海里。

的确，社保账户的"空账运行"问题，是一个大问题。随着老龄化的到来，需要更多在职的人缴养老金。如果计划生育政策不放开，随着健康水平和医疗技术的提高，独生子女家庭结构由 4：2：1（一对夫妇对应 4 位老人）逐步演变成 8：4：2：1（一对夫妇对应 12 位老人），养老负担很重啊！

所以，二胎政策的放开，是及时的，是必须的。但 70 后的被动不生，80 后的主动不生，90 后的生或不生的不确定性，都意味着 90 经管的养老未来，取决于经管二代、三代的生育决策。

## 5．迈向 2049

2018 年，改革开放 40 周年。90 经管的同学们，上小学以来的 40 周年，是从不谙世事逐渐到熟谙世事的 40 周年。一张白纸，已经着墨了斑斓色彩，一幅幅微观的个体图景构成了改革开放的灿烂进程。

此刻，我们心中回响的歌是："门前老树长新芽，院里枯木又开花。半生存了好多话，藏进了满头白发。记忆中的小脚丫，肉嘟嘟的小嘴巴。一生把爱交给他，只为那一声爸妈。时间都去哪儿了，还没好好感受年轻就老了，生儿养女一辈子，满脑子都是孩子哭了笑了。时间都去哪儿了，还没好好看看你眼睛就花了，柴米油盐半辈子，转眼就只剩下满脸的皱纹了。"①

2020 年，90 经管的同学们相识 30 周年。有些同学将年过半百了，绝大部分同学将接近半百。有幸的是，我们见证了第一个百年目标的实现：全面建成小康社会。此刻，我们最想对爱人说的

① 《时间都去哪儿了》，陈曦作词，董冬冬作曲。

165

是："我能想到最浪漫的事，就是和你一起慢慢变老，一路上收藏点点滴滴的欢笑，留到以后，坐着摇椅，慢慢聊。我能想到最浪漫的事，就是和你一起慢慢变老，直到我们老得哪儿也去不了，你还依然把我当成手心里的宝。"①

2049 年，是新中国成立 100 周年，90 经管的同学们相识 59 周年，那时同学们都 80 岁左右了。有幸的是，我们将见证第二个百年目标的实现：建成社会主义现代化强国。90 经管的同学们是幸运的，有幸见证"两个一百年"目标的实现②，见证中国和世界的跨世纪之变。此刻，我心飞扬，伴随着歌声"再过二十年，我们重相会，伟大的祖国该有多么美！天也新，地也新，春光更明媚，城市乡村处处增光辉"③。2049 年的中国，我们来了！2049 年的世界，我们来了！

期待 2070，90 经管的脚步还在继续，奋力前行，伴随着歌声"再过二十年，我们来相会，那时的山噢那时的水，那时风光一定很美……再过二十年，我们来相会，那时的天噢那时的地，那时祖国一定更美"④。2070 年，90 经管的同学们来了！一群百岁老人迈着矫健的步伐，满怀激情，充满信心，昂首阔步走来了！

① 《最浪漫的事》，姚若龙作词，李正帆作曲。

② 继党的十五大报告首次提出"两个一百年"奋斗目标之后，党的十八大报告再次重申：在中国共产党成立一百年时全面建成小康社会，在新中国成立一百年时建成富强民主文明和谐的社会主义现代化国家。

③ 《年轻的朋友来相会》，张枚同作词，谷建芬作曲。

④ 《二十年后再相会》，甲丁、张枚同作词，谷建芬作曲。

# 看远方

Looking ahead

~~~~~~~~

　　"生活不止眼前的苟且，还有诗和远方的田野。你赤手空拳来到人世间，为找到那片海不顾一切。"①在这个伟大的时刻，在雄浑的音乐篇章中，我们继续走向未来。

---

　　①　《生活不止眼前的苟且》，高晓松作曲、作词，许巍演唱。

90 经管的故事，还在继续上演。帷幕切换之间，精彩不断。

我们并非天生睿智，我们犹豫过，彷徨过，迷惘过；我们或许"讷于言而敏于行"，但我们"学中干"（Doing By Learning）、"干中学"（Learning By Doing），一直在上下求索；我们富有激情，有一颗勇敢的心，我们平凡，但不甘于平庸；我们渐具理性，在理性之光的照耀下，我们要做有意义的冒险，要失败，也要成功；我们勇敢地面对这个世界，一个时空似乎没有边界的世界，一个永远在线（Always On）的世界，一个"黑天鹅事件"频发的世界，尽管我们已不再年轻，但我们已经深刻地感受到自身的有限理性；我们自豪，因为我们见证了一个巨大的社会转型而且是这一巨大转型的建设者；我们一直在书卷中孜孜不倦地追求，从懵懂走向理性，无论其中是否一定是"书中自有颜如玉，书中自有黄金屋"。

我们汲取着历史的养分，让知识推动着经济社会的收益递增。我们博览群书，回望历史；我们环游世界，洞察现实；我们静坐思考，谋划未来。尽最大努力，好好工作，好好生活（Do my best to do everything. Better work, better life.），这是我们的信念。我们不能忘记，也不会忘记，我们的梦想，我们心中的理想图景。我们心中萦绕着："你是不是像我在太阳下低头，流着汗水默默辛苦地工作。你是不是像我就算受了冷漠，也不放弃自己想要的生活。你是不是像我整天忙着追求，追求一种意想不到的温柔。你是不是像我曾经茫然失措，一次一次徘徊在十字街头。因为我不在乎别人怎么说，我从来没有忘记我，对自己的承诺，对爱的执着。我知道我的未来不是梦，我认真地过每一分钟。我的未来不是梦，我的心跟着希望在动。"[①]

---

① 《我的未来不是梦》是张雨生演唱的一首励志歌曲，由陈家丽作词，翁孝良作曲。这首歌曲是张雨生的代表作之一，收录在飞碟唱片于 1988 年推出的群星合辑《六个朋友》中。2010 年，该歌曲获得华语金曲奖"30 年 30 歌"。

　　云在青天，山在远方，我们心中有彩虹。世间并无坦途，我们心中的理想图景面临着巨大的挑战，我们需要重看未来。

　　90 经管的一位同学，一位投资人、一个资本舞者，说过一句很经典的、他自己深有体会的话：只有 90 后才懂 90 后。的确，90 经管的绝大部分同学，都是贫穷时代成长起来的；90 后，绝大部分是在富裕社会中成长起来的。不同的时代，不同的人，必然有着不同的思维方式和行为方式。

　　90 后和我们的最大不同是，90 后多数是"学后干"（Doing After Learning），学习也是一个专业化的过程，社会分工越来越细，的确容易"一叶障目，不见泰山"。但 90 后最大的优势是，无所畏惧，勇往直前，因为他们似乎没有后顾之忧，没有 90 经管的同学们面临的货币硬约束。

　　不管是 90 经管的同学们，还是 90 后甚至 00 后，都需要重看未来。翻开字典，"重"有两个读音。一个是"chóng"，读二声，意为：重新，重复；另一个是"zhòng"，读四声，意为：重量，重视。

　　"重看未来"，也就有两个意思。一个是重新看待未来，重新审视现在和未来的关系。在一个人的整个生命周期中，几乎所有的行为都是选择。几乎所有的选择都是面向未来的，因为"昨天即为历史"。选择的背后，都是稀缺资源的配置，都是现在和未来之间的资源配置。在一定意义上讲，资源的空间配置也是从属于资源的时间配置的。重新看待未来，就是要把现在和未来的关系再梳理一下，到底是什么关系呢？从微观来说，跨时配置资源；从宏观来说，代际资源配置。另一个是重视未来，对未来的估价（估值）很高。到底是现在重要（高估现在），还是未来重要（高估未来），这是一个问题。这个问题，在一定意义上，是人类面临的终极问题。

高估现在，满眼都是"现在"，行为方式着眼于现在，资源主要配置在现在，这是一种态度。高估未来，满眼都是"未来"，行为方式着眼于未来，资源主要配置在未来，这也是一种态度。

重新审视现在和未来的关系，是否看重未来？这是任何一个人、一个企业、一个组织、一个地区、一个国家，都必须要回答的。回答的方式不同，成长的路径也就各异。

你能看到多远的过去，就能看到多远的未来。改革开放的40年，就是重视未来、看重未来的40年。此刻，我们需要再一次看重未来。不仅仅是90经管的同学们，90经管的二代、三代们更要看重未来。

此刻，想起了罗杰·培根①在13世纪的描述："未来可能会出现不用划手推动的航海机器，只需一个人便能驾驶着它遨游海洋，而且它要比挤满了划手的船速度更快。另外，人们也能够造出不用畜力拉动而靠无限的动力来推动的车子，就像古人用于战争的上面装有镰刀的战车一样。将来还可能出现一种在空中飞翔的机器，一个人坐在飞翔机器中操控着某个机关，飞行器的人工翅膀便能像飞鸟的翅膀一样在自由飞翔。"② 对13世纪的人们来说，这是天方夜谭；对20世纪的人们来说，这是司空见惯。历史，就是这么有力量。

---

① 罗杰·培根（Roger Bacon，约1214—1292），英国具有唯物主义倾向的哲学家和自然科学家，实验科学的前驱。约于1230年进牛津大学学习，毕业后留校任教。1241年在巴黎大学获文学硕士学位，在文学院讲课，1247年回牛津。用全部财力置办了一个完整的炼金术实验室，开始致力于新的学科的发展，包括语言学、光学、炼金术，还研究天文和数学，他怀疑推理演绎法，坚持实践经验的可靠性，对光的性质的研究和虹的研究颇有独到之处，绘制了眼镜的制作，阐述了反射、折射、球面光差的原理和机械推动船只和车辆的原理。

② ［英］威尔斯著，唐婉译：《世界简史》，长春：吉林文史出版社2015年版，第188页。

江山代有才人出，经济社会发展，需要一代代人各领风骚。

此时，我们耳边再一次响起梁启超①的《少年中国说》："故今日之责任，不在他人，而全在我少年。少年强则国强，少年智则国智，少年富则国富，少年独立则国独立，少年自由则国自由，少年进步则国进步，少年胜于欧洲，则国胜于欧洲，少年雄于地球，则国雄于地球。……美哉，我少年中国，与天不老！壮哉，我中国少年，与国无疆！"

梁启超的话，是对90经管一代说的，一直激励着经管一代，目前这一激励作用仍在持续；也是对经管二代、三代以及更多的后来者说的，一代一代的努力，传承着激情与梦想，才能到达人类心中的彼岸。

"三十功名尘与土，八千里路云和月。莫等闲，白了少年头，空悲切！"②

天下兴亡，匹夫有责。匹夫是谁？就是每一个人，就是每一个心中藏有"大我"的"小我"，也是每一个心中藏有"小我"的"大我"。

天下兴亡，我之责。继往开来，让我们努力继续前行吧！

---

① 梁启超（1873—1929），清朝光绪年间举人，中国近代思想家、政治家、教育家、史学家、文学家。戊戌变法（百日维新）领袖之一、中国近代维新派、新法家代表人物。

② （宋）岳飞《满江红》："怒发冲冠，凭栏处，潇潇雨歇。抬望眼，仰天长啸，壮怀激烈。三十功名尘与土，八千里路云和月。莫等闲，白了少年头，空悲切！靖康耻，犹未雪；臣子恨，何时灭。驾长车，踏破贺兰山缺。壮志饥餐胡虏肉，笑谈渴饮匈奴血。待从头，收拾旧山河，朝天阙！"

# 附　录

## 附录一　经济学好有力量

——记暨南大学经济学院副院长刘金山[①]

做经济学研究要始终密切关注和联系现实。在暨南大学经济学院副院长刘金山看来，学习经济学是一个渐悟与顿悟交替的过程，"多读书，多观察，多思考，渐悟到一定时候，就豁然开朗了"。而他自己，也从最初单纯的"迷恋"经济学到现在用经济学实现人生理想，用自己的知识为社会发展做贡献。

### 在生活中体味经济学魅力

"经济学好有力量"是刘金山的口头禅。这句话来自他的生活体验，也成为他孜孜不倦执着于经济学相关研究的最大动力。

刘金山回忆道，20 世纪 80 年代初，在他老家秋天的田野里，总是回荡着孩子们的笑声。"为什么笑呢？因为大家终于可以放开肚皮吃花生了。"在此之前，花生对乡村孩子来说完全是奢侈品，

---

[①] 《中国社会科学报》2016 年 7 月 13 日第 2 版 "为人民做学问" 系列报道，记者：李永杰。

只有逢年过节才能吃到。但对于为何突然有这么多的花生，刘金山说自己一直充满好奇，这个谜题直到十年后在大学的政治经济学课上才真正解开："老师讲到农村家庭联产承包责任制，讲到随之而来的粮食大丰收，我才恍然大悟。同时，我也深深理解了经济学的力量！"

此后，刘金山便"迷恋"上了经济学。1997年东南亚金融危机爆发时，刘金山正在攻读博士学位，在听了相关讲座、阅读了大量文献后，他认识到货币的力量。2008年金融危机发生时，刘金山很快就理解了其发生的传导机制，并对其危害性和应对措施做出了具体分析。而那些同自己密切相关的生活体味才更让他知悉经济学意味着什么。

### 践行"为人民做学问"

出于对经济学的巨大能量的感悟，刘金山把自己做学问、做研究的目标归结为发挥它的实际应用。在不久前举行的哲学社会科学工作座谈会上，习近平总书记强调："我国广大哲学社会科学工作者要坚持人民是历史创造者的观点，树立为人民做学问的理想。"刘金山对此深有感触，他认为践行"为人民做学问"这一理念，必须要结合自己的学科特色和研究领域。

刘金山认为，经济学研究者践行"为人民做学问"，从小的方面讲，即要摸清楚宏观现象背后的微观基础是什么、行为主体如何行动、如何进行理性选择；从大的方面讲，要为企业、组织、地区、国家的发展做贡献。

在刘金山的研究生涯中，有很多类似的实例。比如，他在调查中发现，广东省内的地区经济差距居然高于全国东部和中西部地区经济差距。"这背后一定存在若干我所不知道的机制。"由此他开始关注区域经济协调发展问题。经过坚持不懈的调研分析，2010 年，他完成研究报告《我国区域税收税源背离问题及相关政策建议》，指出我国税收与税源存在较严重的区域背离现象，甚至存在"劫贫济富"现象。因此，要根据"按税源贡献进行分配"的原则，构建区域横向税收分配制度。该成果被全国哲学社会科学规划办采用，并被刊发在《成果要报》上。

**走向广阔的农村和城市**

刘金山表示，做学问固然离不开学人的勤奋努力，但良好的治学方法同样重要，而且可以做到事半功倍。

对于治学，他有两点心得：第一是要多读书，多读思想类的书籍，有些书读完之后令人拍案叫绝，理论抽象思考能力得到较大提升；第二是要走出书房，走向广阔的农村和城市。"和工人、农民聊聊天，和企业家谈谈发展大势，和政府官员探讨政策效应，甚至有时候因不同观点而吵一吵，都是一种收获。"

目前，刘金山承担了暨南卓越智库新工业革命研究项目，未来将集中于新工业革命与供给侧结构性改革系列研究，计划走进不同地区、不同产业的企业，走进城乡不同地区，研究新工业革命时代相关模式变迁问题。刘金山表示，自己将继续紧密关注现实，"学以致用，研以致用"。

# 附录二　致学生：你来，故我在

全世界有 70 多亿人，全中国有近 14 亿人，芸芸众生中，我们今天相聚在这里，特定的时间，特定的地点，这是一种奇迹，是一种缘分。在此，要感谢一种叫"大学"的组织平台。大学，是一个神奇的地方。

说实话，我等你们很久了。你们不来，生产函数是空的：$f(\quad)$；或者说，生产函数是不完整的：$f$(教学设施，教师，—)。你们来了，生产函数就完整了：$f$(教学设施，教师，学生)。

你们不来，生产函数就无法运行，抽象掉教学设施，教师和学生完全不能相互替代；否则，你们每一个人就是自学天才了，我们老师就要失业了。记住，即使在慕课（MOOC①）时代，也是需要老师的。

你们来了，生产函数就开始运行了。我们老师就不用失业了，就有事干了。你来，故我在。

那么，你们为什么会来呢？

要知道，人的一生中，时间是最宝贵的，最稀缺的。为什么要花几年宝贵的时间来到这里？

要知道，你们来到这里，是有机会成本的。这几年，出去工作，挣些钱，积累些工作经验，生活也许不错，也许比现在更

---

① MOOC 即 Massive Open Online Courses，英文直译为"大规模开放的在线课程"，是新近涌现出来的一种在线课程开发模式。

好些。

要知道，你们还是争先恐后地要来，是通过笔试、面试的竞争才来到这儿的，不辞辛劳，不远万里。你们来这儿的过程，千辛万苦。考研的过程，充满着心酸和苦楚，有过煎熬，想过放弃，当时你们的效用可能是负的。

要知道，你们来这儿的过程，不是你一个人在战斗，而是一群人在战斗，你的父母，你的家庭，你的朋友，你的同学，可能都为之贡献过：搜寻学校，搜寻专业，搜寻导师，搜寻往年考试信息，搜寻面试宝典，为考研逃课而请同学帮忙应付上课时老师点名，亲朋好友陪同你来面试，等等。人生处处需要亲友！

来，还是不来，这是一个问题。选择，这就是生活！人生，无时无刻不在选择。任何选择，都可以是一个经济决策，无论是直接的，还是潜意识的。

最终，你们来了！用心投了票，用脚投了票。

你们来这儿，把稀缺的、宝贵的时间资源配置到这里，一定有着种种理由：交交朋友，谈谈恋爱，贴贴金，换个新的地方，上个新的平台，未来找个好工作；或者说，不想工作，再在校园里生活学习几年；或者说，换个专业，实现儿时的梦想；同学考研了，所以我也要考。

抽象掉一切形式，你们来这儿的根本理由、终极理由是什么？你们思考过这一问题吗？你们来这儿，就是人力资本投资。为什么要进行人力资本投资？

人力资本投资，就是低估现在，看重未来。否则，有钱现在花，快快乐乐，哪管未来"洪水滔天"，这也是一种生活态度，无所谓对错。你们来这儿，就是看重未来。人力资本投资的过程，就是看重未来的过程。实际上，任何投资，都是在看重未来。你们，来到这儿，是在拿青春赌明天。未来充满着不确定性，任何投资，都是在赌。

你们到底为什么要来这儿？回答这一问题，我们还要回到生产过程，回到生产函数本身。任何生产函数，都要有产出。别忘了，生产函数 $f$(教学设施，教师，学生)，产出是什么？有人说，是分数；有人说，是两张纸，即毕业证和学位证，是文凭；有人说，是能力；有人说，是经历；有人说，是圈子，是平台，是关系。不同的人，有不同的产出目标。

产出到底是什么？我的理解，产出的目标是你的稀缺性，增强你的稀缺性。如果在未来的各类市场上，我们不是处于一个"拼爹"的社会，只要你是稀缺的，你就是有价的；你越稀缺，你的价值就越高。即使是一个"拼爹"的社会，一个人也不可能无论何时、无论何地、无论何事，都能"拼爹"，总是有依靠自己的时候，需要依靠自己的稀缺性。一个人越稀缺，其整个生命周期的货币收入与非货币收入就越高。你们来这儿，是为了整个生命周期的收入最大化（货币收入与非货币收入之和）。你们是理性人。

那么，怎么体现自己的稀缺性？你的潜在生产率。你的潜在生产率越高，你就越稀缺。你们入学时有个潜在生产率，毕业时有个潜在生产率，二者一减，就是潜在生产率增量。潜在生产率增量，就是生产函数的产出。产出越大，就越稀缺，竞争力就越强，收入就越高。

其实，世间一切问题，皆是经济问题；一切经济问题，皆是选择问题。读研，种植马铃薯，组装家具，造轮船，踢足球，看电影，有什么不同吗？从经济学的逻辑讲，没有什么不同，都是稀缺资源的配置问题，即选择问题。我们之所以读研，一定有读研的目标函数，尤其是成本收益的理性计算。我们之所以读研，就是要谋求稀缺性，谋求未来在社会尤其是劳动力市场上的稀缺性。一切稀缺的东西，都是有价的。有了稀缺性，就可以谋求整个生命周期（甚至之后）货币收益和非货币收益的最大化。

那么，如何实现产出最大化，那就要依靠生产函数的每一个要素及其组合了。这就是我们教学的开始。

这就是"你们为什么在这儿"的经济学逻辑。记住，在人的一生中，整个生命周期，从摇篮到坟墓，甚至之后，无论何时，无论何地，都面临着经济学真理的残酷作用。信也罢，不信也罢，真理就在那里。顺之则昌，逆之则亡。

作为投入要素之一，我的使命是，经济学布道，张扬理性，启蒙思想；作为投入要素之一，你们的使命是……你们自己回答吧。

好吧，生产函数的投入要素都到齐了，迟到的、旷课的，是自愿退出了生产函数。让我们一起探索、理解并改造真实的花花世界，让生产函数开始运作吧。

# 附录三　你不是一个人在战斗

　　小时候，河南老家听戏，豫剧《铡美案》家喻户晓。故事说：宋代有个书生叫陈世美，其结发妻子叫秦香莲。陈世美进京赶考，中了状元，他隐瞒了已婚并生育的事实，被招为驸马，和公主结婚了。秦香莲到京城寻夫，连遭挫折和迫害。秦香莲很生气，把状子递到"包青天"包拯处，后果很严重，包青天查明事实，把驸马陈世美铡了。

　　在这个故事中，陈世美忘了一件事：他读书的过程，不是一个人在战斗。陈世美读书的过程，就是人力资本投资的过程。其间，有太多的投资人：结发妻子含辛茹苦，侍奉老人，照顾孩子；父母可能已白发苍苍，依然在农田里劳作；亲朋好友给予这样那样的帮助甚至包括经费支持。总之，他背后是一群人在战斗，这些人都是投资人，都是股东，或者说，都是利益相关者。这些投资人，实际上是看重陈世美的未来，希望"一人得道，鸡犬升天"，这是投资人所期望的收益。实际上，每一个投资人都是看重未来的。

　　陈世美进京中了状元，娶了公主，想抛弃投资人，独享投资收益，这是无视投资人的支持和付出，可以说，是犯了众怒。秦香莲进京寻夫进而告状，不仅代表她结发妻子的身份，更代表所有投资人，行使收益索取权。恰好碰到了"包青天"，这一投资收益的分配之争，烟消云散，既是必然，也是偶然。不管同意还是不同意这个解释，这都是这个故事里所蕴含的经济学逻辑。

　　来读大学或读研的同学也不是一个人在战斗，而是有一群人在其背后战斗。

人力资本投资，获得的产出即教学产出是一种稀缺资源，获得它需要付出一定的成本。谁需要教学产出，谁愿意为获得教学产出付出成本，谁就是大学教育的投资者。至于谁是投资者，是由教学产出具有私人物品和公共物品两种性质所决定的。

作为私人物品，教育产出具有收入效应。学生和家长支出学费购买了学习的权利即进行人力资本投资，目的是为了使学生获得潜在生产率，进而谋求未来时期收益最大化。因为收益增加程度取决于个人的稀缺性，潜在生产率是稀缺性的体现，潜在生产率越高，稀缺性就越大。要想收益最大化就要增强自己的稀缺性，学习是增强自身的稀缺性、使自己收益最大化的手段。从这个意义上说，大学教育不再是一种奢侈品，而是一种生存的必需品。

教学产出是具有正外部效应的公共物品。世界银行的研究报告《发展中国家的高等教育：危机与出路》指出，国家的贫富比人类历史上任何一个时期都更要取决于高等教育的质量。没有更多更高质量的高等教育，发展中国家将会发现自身越来越难以从全球性知识经济中受益。政府是高等教育市场的最大主顾，政府投入财政资源购买教学产出，是为了提高综合国力和国家竞争力。国家竞争力的增强，又会惠及本国企业和居民，不论他们是否是纳税人。

政府和个人为接受教育所付出的各项成本，都是为了获得一种存在于人体之内的可提供未来收益的潜在生产率。由于民间资本尚未大规模进入教育领域，如果不考虑捐资助学者，大学教育的投资人主要有两类：政府和学生家庭。前者是由教育产出的公共物品性质决定的，后者是由教育产出的私人物品性质决定的。这与美国学者 John Stone 提出的高等教育成本分担理论是一致的。他认为，高等教育的成本应当由在教育中获得益处的各个方面分担。

作为投资人，政府谋求大学教育产出的最大化。由于对教育生产过程的监督成本太高，首先，政府制定大学教育生产的制度结构，这表现为大学教育的法律化过程。其次，政府通过各种评奖、评估和抽样检查等教育质量评估方式来实现投资人的控制权。

作为投资人的家长，所关心的是学生潜在生产率的提高，即家长的目标是教学产出的最大化。由于家长不可能亲自监督教育过程，学生作为家长的代理人行使监督权。高校常见的做法是学生评估教师，其实就是代理家长行使监督权的一种体现。

# 附录四　合约的力量：花生曾是奢侈品

花生本是平常物，但也曾有稀缺时。我 1971 年出生于河南农村，童年时光充满着下河抓鱼、上树捉鸟的乐趣。想方设法找好吃的，这是孩子的本能。那时最盼过节了，因为有肉、有糖、有花生吃。

花生本是农产品，此时却登大雅堂。原因只有一个：稀缺。花生太少了，稀缺的花生便成了奢侈品。孩子们最盼望有客人来，可以陪着客人吃花生，一饱口腹之欲。客人走了，父母就把花生收起来了，孩子们便期盼着下一批客人的到来。这个节日过了，孩子们就期盼下一个节日。

还记得刚上学时，当时有一篇文章讲，领导人日理万机，十分辛劳，夜间只能吃一碟花生米补充一下营养。作者的本意是，领导很辛苦，生活很艰苦。但认为"花生是奢侈品"的孩子们心里是这样想的：晚上还有花生米吃，多好啊！对此充满羡慕之情。现在想来，很傻很天真，当时却也是本能体会，因为花生就是奢侈品。

1980 年的秋天，田野里充满着孩子们爽朗的笑声。农活是辛苦的，效用可能是负的，孩子们为何欢天喜地？原因只有一个：可以敞开肚皮吃花生了。因为花生多了，可以尽情地吃了。花生脱下了奢侈品的华丽外衣，来到了普通百姓身边。

为什么花生由少变多了？天还是这样的天，地还是这样的地，人还是这样的人！

因为土地的合约变了！实行家庭联产承包责任制，家家户户分到田地了。

农村的土地是集体所有制，这个问题是多少年来没有变的。土地所有权的变化，往往是大事件，在土地所有的资本联系和交易受到约束的情况下，往往伴随着革命或战争。

所有权不变，可变的就只能是使用权了。在所有权不变的条件下，可以有多种合约。至于哪种合约是有效率的，那就看实践了，实践是检验真理的唯一标准。

此前，村民们一起生产，集体劳动，集体分配，集体决策"种什么"，假定人性至善。现实是，出工不出力，产量低了，分配到个人的少了，大家都吃不饱了。集体决策，不种花生，花生就少了；即使决定种花生，花生产量也不可能高。

此后，各家各户，自由决策，只要不违法，想种什么就种什么，想种多少就种多少（不能超过自家土地面积），除去上缴的公粮（相当于农业税），剩下都是自家的，丰歉自负，风险自担。注意，"缴"，意味着硬约束，不缴可不行。

人对激励是有反应的。这一真理，亘古不变。这一合约变化，调动了人们的积极性，释放了巨大的产能，土地的产出爆发式增长。农村的天变成了晴朗的天，农村的人民好喜欢！合约好有力量！

这一合约变化的影响是巨大的。这在一定程度上解决了吃饭问题，由"吃不饱"转向"吃得饱"，这是一个巨大的变化。至于如何由"吃得饱"迈向"吃得好"，这是后话。

更为主要的是，这一合约变化，与另一个合约变化，产生了共振效应，使我们的经济发展翻开了新的一页。

20世纪80年代初，国有企业（时称国营企业）有了一个合约变化：放权让利。这是什么意思？此前，国有企业生产什么、生产多少、怎样生产、为谁生产，这一系列问题，由上级政府管理部门计划决策，国有企业没有决策权；国有企业利润上缴，如何分配，也由管理部门说了算。挣多挣少，分多分少，与企业关系不大。

放权让利后，国有企业在完成计划任务后，有权决定自主生产一些产品，生产什么、生产多少、怎样生产，企业自己说了算。或者说，计划外的事儿，企业说了算。此为放权。至于为谁生产，当然是为市场生产。赚得利润，除了计划上缴的部分，企业可以留利，可以发奖金。此为让利。有了政策红利，企业怎么办呢？

生产什么？要看此时市场需要什么。人们想吃得好一些，想穿得好一些，女孩子们想穿一些五颜六色的衣服。这不算消费升级，而是消费的平面扩张，因为消费领域历史欠账太多了，平面扩张就是弥补历史欠账。总之，市场需要基于消费需求的轻工业产品。

怎么生产？要有原料。例如女孩子们要买五颜六色的衣服，就需要棉花、丝绸等原料。农村的家庭联产承包责任制，给了农户决策自主权，农户可以自由地种棉花、养蚕了。

这样，农村的合约变化、国有企业的合约变化，产生了共振。两个合约变化，缺一不可。缺了农村的合约变化，原料可能不足。缺了国有企业的合约变化，吃得好、穿得好的产品就生产不出来。正是国有企业的这一示范作用，催生了乡镇企业，启动了增量改革。正是这一共振，开启了市场化进程。

# 附录五　合约设计：司机不再欺生客

读书期间，有一次外出晚归，公交没有了。回学校的路程，说远不远，说近不近，凛冽寒风中，冰冷刺骨的负效用告诉我，还是打辆出租车吧，尽管对囊中羞涩的我来说，打车还是奢侈的。

上车之后，告诉司机师傅到某某大学。没想到，司机开始了巡城之旅。本来起步价十元就可以到达学校，可他却漫无目的地开起来。我突然明白了，可能是我的普通话口音惹了祸，不是本地口音的话语，向司机发出信号：这个乘客，是外来的，不熟悉路程。无论何时，无论何地，无论是不是心存机会主义，人对激励是有反应的。司机面对口音的信号，心里明白信息不对称来了，乘客可能对路况不熟悉，利用信息不对称可以多赚钱了，做出了利己的决策：多绕几圈，行车里程最大化，车费最大化。

表面平静而内心愤怒的我，欣赏着寒冷的夜色美景，黑眼睛穿过黑夜色，看到了灯火迷离中的人性闪烁。在闲暇的效用递减之际，我说了一句话："师傅，别再瞎转了，我就给你十块钱。"司机大惊，一句话没说，几分钟时间，很快就把我送到了目的地。我想，司机一定很懊恼，本来没有信息不对称（乘客熟悉路程），他却认为，可能存在信息不对称（乘客不熟悉路程）。判断失误，只能多耗油钱。市场就是这样，自由选择的权利是你的，自由选择的结果也是你的。即使法律不可能管那么细，市场也会制裁你，市场是很细的。我想，这位司机一定会在迷离的夜色中，迷离一段时间。

冷静下来，一个问题一直在脑海萦绕：司机为什么想骗我？他是一直想欺骗乘客，还是偶发的，在当时特定的场景之下，才想欺骗我？如果是前者，司机老想骗乘客，坏司机当道，那一定是出租车制度设计有大问题；如果是后者，偶然的场景，好司机偶然变成了坏司机，一定是出租车制度设计存在的瑕疵引发的偶然行为。

人是理性的，司机肯定不傻。司机开出租车的目标是什么？收入最大化！司机为什么要欺骗乘客？想多挣钱。司机求"多"。司机如果不欺骗乘客，能不能多挣钱呢？这是一个问题。

乘客的目标是什么？在安全的情况下，以最短的距离、最快的速度（所以车费就少）到达目的地。乘客求"少"。乘客能不能在不担心司机欺骗的情况之下，实现求"少"呢？这是一个问题。

可见，司机和乘客目标函数是不同的。有没有什么办法，把司机求"多"与乘客求"少"这两个截然不同的目标结合起来，实现兼容？

其实就是说，能否有一种办法可以实现：司机基于自身收入最大化的目标，发自内心地主动做出利他行为，以最短的距离、最快的速度送乘客到目的地。这样，司机求"多"与乘客求"少"的目标，就都实现了。这就是激励相容。

这种办法有吗？有！而且正在执行。这就是出租车费定价公式。

在广州，乘坐击租车起步价为10元，2公里之内，无须多付费。超过两公里的部分，按照每公里2.6元付费。即：

$$P = F + C \times (D - 2)，当 D \geqslant 2$$
$$P = 10 + 2.6 \times (D - 2)，当 D \geqslant 2$$

这个定价公式，能够实现激励相容吗？

为什么不用另外的公式：$P = 2.6 \times D$？不用起步价，直接按里程算。这个公式很简单，结果也很明了：只要一有机会，司机一定会欺骗乘客，因为司机谋求里程 $D$ 最大化，进而收入最大化。即使是一个原本职业道德很好的司机，也很有可能经受不住金钱的诱惑和同业其他司机行为示范的诱惑，最后欺骗乘客。定价公式就是合约。这个合约，不是个好合约，因为它使好人变坏。同时，这一合约也使出租车公交化，乘客出行距离很短，也乘出租车，花钱和公交差不多，却省去了很多烦恼。这样，乘客也变成了机会主义者，也变成了"坏人"。这个合约，真的不好，它真的使人变坏。

那么，$P = 10 + 2.6 \times (D - 2)$，当 $D \geqslant 2$，这个合约管用吗？管用，尽管有瑕疵！很多人对起步价 10 元钱很不满，认为为什么要交 10 元，而不管 2 公里之内的路程远近。

但这个合约的核心要义就在于这起步价 10 元钱，而且满足一个数学关系：

$$起步价 10 元 > 2.6 元/公里 \times 2 公里$$

太奇妙了！这完全改变了司机的目标函数。如果一天能够多载几次乘客，起步价赚的钱，可能比里程数赚的钱还要多。这样，司机求收入多，就转化为求每天载客次数最大化。同样求"多"，内容变了。如何实现载客次数最大化，在既定的时间约束下（司机要定时交班），那就以最短的路程、最快的速度把乘客送到目的地。司机求"多"与乘客求"少"的目标实现激励相容了。

有人问，如果：起步价（比如 4 元）$< 2.6 元/公里 \times 2 公里$，会怎样？乘客就成为机会主义者，会把长里程拆分为若干个短里

程，分别乘出租车。比如说，10 公里，正常应该花的车费是 24.8 元，即 4 元 +2.6 元 ×（10 − 2）。但乘客可以把它分为 5 段，每段 2 公里，共花 20 元，即 4 元 ×5 次。短途多次，司机将不胜其烦。很可能，司机们都不干了，出租车也可能就消失了，乘客就没车乘了。要么自己开车，这要成为中产阶级才行；要么乘公交车（含地铁），融入上下班的滚滚洪流中去吧。

看来，起步价，一定要大于 2.6 元/公里 ×2 公里。超过的部分越多，就对司机越有激励，司机就越有积极性以最短的里程、最快的速度送乘客到目的地。

那么，$P = 10 + 2.6 \times (D - 2)$，当 $D \geq 2$，司机会欺骗乘客吗？可能会，也可能不会。

如果下了一个（批）乘客，马上就又上了一个（批）乘客，一个合约结束了，另一个合约马上开始了，司机搜寻乘客的成本为零或接近于零，司机就不会欺骗乘客，赚起步价就可以了。

如果长时间搜寻不到乘客，那碰到一个，就是一个，能骗一个，就是一个。机会主义就来了。

我就是其中的"那一个"。凛冽寒风的晚上，行人寥寥，司机师傅碰到了我。

# 附录六　窗下再无小儿闹

　　有个故事，很有意思。小明住在一楼，有午睡习惯。窗下，常有几个小孩在午时欢闹。小明无法入睡，甚是烦恼。有个经济学家朋友为他出了一个主意，问题就解决了。

　　一天，小孩欢闹时，小明每人给了五元钱，鼓励他们好好欢闹。孩子们可高兴了。第二次，小明每人给一元钱，鼓励他们多来欢闹。孩子们虽然高兴，但激情没那么高了。第三次，小明每人给一毛钱，鼓励他们多来欢闹，孩子们明显就没有激情了。之后，孩子们就不来了。日后，小明碰到这些孩子们，就问："你们为什么不去玩了？"孩子们说："去了，又没有钱。没意思，不去。"

　　孩子们为什么不去了？因为他们的目标函数变了。原来，孩子们的效用是欢乐，谋求欢乐最大化。孩子们天性使然，欢乐是发自内心的。现在，孩子们的效用是金钱带来的快乐，谋求金钱最大化。效用变了，心变了，行为就变了。

　　这就是经济学的力量。我们常说，改变一个人是很难的。行随心动！要改变一个人，就要改变一个人的心，就是要改变一个人的目标函数。

　　这一逻辑，哄孩子颇为见效。记得我家有儿初长成，特别不爱洗手。洗手，对孩子而言，可能是负效用，要付出辛劳，没有欢乐。但有时，父母可能一句话，孩子就去洗手了："去看看，去抓抓，洗手盆水里面有没有鱼儿。"孩子们此时的效用，是想抓鱼的欢乐。一句话，就可以使孩子们的目标函数发生变化。

# 附录七　90 经管大事记

1970 年前后　90 经管同学出生

1978 年前后　90 经管同学上小学

1978 年　　　党的十一届三中全会召开

1982 年　　　党的十二大召开

1984 年　　　90 经管同学上初中

1987 年　　　90 经管同学上高中

1987 年　　　党的十三大召开

1988 年　　　发生抢购风潮

1990 年　　　90 经管同学上大学

1991 年　　　90 经管同学军训

1992 年　　　邓小平南方谈话

1992 年　　　党的十四大召开

1992 年　　　90 经管部分同学经商实践

1993 年　　　国务院出台宏观调控 16 条措施

1993 年　　　90 经管同学到企业实习

1994 年　　　90 经管同学大学毕业

1994 年　　　分税制实行

1996 年　　　中国经济软着陆

1997 年　　　香港回归

1997 年　　　东南亚金融危机爆发

1997 年　　　党的十五大召开

| | |
|---|---|
| 1997 年 | 90 经管读研同学硕士毕业 |
| 1998 年 | 扩大内需成为迫切问题 |
| 1999 年 | 西部大开发战略实行 |
| 2000 年 | 90 经管同学相识十周年，无聚会 |
| 2001 年 | 中国加入 WTO |
| 2002 年 | 党的十六大召开 |
| 2003 年 | 发生"非典" |
| 2003 年 | 房地产市场热潮兴起 |
| 2004 年 | 90 经管同学毕业十周年，无聚会 |
| 2005 年 | 股权分置改革 |
| 2007 年 | 党的十七大召开 |
| 2008 年 | 北京奥运会举办 |
| 2010 年 | 上海世博会举办 |
| 2010 年 | 90 经管同学相识二十周年，无聚会 |
| 2012 年 | 党的十八大召开 |
| 2013 年 | 90 经管同学建立微信群 |
| 2014 年 | 90 经管同学毕业二十周年，返回兰州大学聚会 |
| 2015 年 | 90 经管同学参加北京、上海马拉松比赛 |
| 2016 年 | 90 经管同学参加丝绸之路行、成都马拉松比赛 |
| 2017 年 | 90 经管同学参加雄安新区行 |
| 2017 年 | 党的十九大召开 |

# 参考文献

［1］［印度］阿马蒂亚·森著，王宇、王文玉译：《贫困与饥荒：论权利与剥夺》，北京：商务印书馆2001年版。

［2］［美］丹尼尔·贝尔著，高铦、王宏周、魏章玲译，高铦校：《后工业社会的来临——对社会预测的一项探索》，北京：商务印书馆1984年版。

［3］［英］卡尔·波普尔：《开放社会及其敌人》，北京：华夏出版社1988年版。

［4］［苏］尼古拉·布哈林著，余大章、郑异凡译：《过渡时期经济学》，北京：生活·读书·新知三联书店1981年版。

［5］［法］费尔南·布罗代尔著，顾良、张慧君译：《资本主义论丛》，北京：中央编译出版社1997年版。

［6］陈昕：《市场经济"时代意识"的普及——纪念邓小平同志南方谈话20年》，《中国新闻出版社报》，2012年2月8日。

［7］［美］道格拉斯·诺斯、罗伯斯·托马斯著，厉以平、蔡磊译：《西方世界的兴起》，北京：华夏出版社2009年版。

［8］［美］道格拉斯·C.诺思著，杭行译：《制度、制度变迁与经济绩效》，上海：格致出版社、上海三联书店、上海人民出版社2014年版。

［9］邓小平：《邓小平文选》第三卷，北京：人民出版社2001年版。

［10］樊纲、张曙光等：《公有制宏观经济理论大纲》，上海：上海三联书店1990年版。

［11］［英］弗里德利希·冯·哈耶克著，邓正来译：《自由秩序原理》，北京：生活·读书·新知三联书店1997年版。

［12］［美］塞缪尔·亨廷顿著，刘军宁译：《第三波——二十世纪后期民主化浪潮》，上海：上海三联书店1998年版。

［13］胡舒立：《1994：改革没有浪漫曲——关于中国新一轮改革风险预期的采访札记》，《改革》1994年第1期。

［14］黄仁宇：《万历十五年》，北京：生活·读书·新知三联书店2006年版。

［15］黄仁宇：《中国大历史》，北京：生活·读书·新知三联书店2014年版。

［16］［英］史蒂芬·霍金著，吴忠超等译：《时间简史——从大爆炸到黑洞》，长沙：湖南科学技术出版社1992年版。

［17］［日］吉田茂著，李杜译：《激荡的百年史》，北京：人民教育出版社1981年版。

［18］［美］加里·S.贝克尔著，彭松建译：《家庭经济分析》，北京：华夏出版社1987年版。

［19］［美］加里·S.贝克尔著，郭虹等译：《人力资本理论：关于教育的理论和实证分析》，北京：中信出版社2007年版。

［20］［美］杰克·韦尔奇、苏茜·韦尔奇著，蒋宗强译：《商业的本质》，北京：中信出版社2016年版。

［21］［捷克］米兰·昆德拉著，韩少功、韩刚译：《生命中不能承受之轻》，北京：作家出版社1991年版。

［22］李鹏：《市场与调控：李鹏经济日记》，北京：新华出版社、中国电力出版社2007年版。

［23］［英］李约瑟著，《中国科学技术史》翻译小组译：《中国科学技术史》，北京：科学出版社 1978 年版。

［24］［法］让·雅克·卢梭著，何兆武译：《社会契约论》，北京：商务印书馆 1981 年版。

［25］［美］罗伯特·希勒著，束宇译：《金融与好的社会》，北京：中信出版社 2012 年版。

［26］［英］罗纳德·哈里·科斯、王宁著，徐尧、李哲民译：《变革中国：市场经济的中国之路》，北京：中信出版社 2013 年版。

［27］［英］罗素著，何兆武译：《西方哲学史》，北京：商务印书馆 1981 年版。

［28］马克思、恩格斯著，中共中央马克思恩格斯列宁斯大林著作编译局译：《马克思恩格斯全集》第 23 卷，北京：人民出版社 1972 年版。

［29］［美］德内拉·梅多斯等著，李涛、王智勇译：《增长的极限》，北京：商务印书馆 1993 年版。

［30］［美］米尔顿·弗里德曼、罗丝·弗里德曼著，张琦译：《自由选择》，北京：商务印书馆 1993 年版。

［31］［英］约翰·密尔著，许宝骙译：《论自由》，北京：商务印书馆 1981 年版。

［32］［美］罗纳德·麦金农著，周庭煜、尹翔硕、陈中亚译：《经济市场化的次序——向市场经济过渡时期的金融控制》，上海：上海三联书店、上海人民出版社 1997 年版。

［33］［美］彭慕兰著，史建云译：《大分流：欧洲、中国及现代世界经济的发展》，南京：江苏人民出版社 2010 年版。

［34］钱其琛：《外交十记》，北京：世界知识出版社 2003 年版。

[35]［美］乔治·施蒂格勒著，潘振民译：《产业组织和政府管制》，上海：上海三联书店1989年版。

[36]［美］保罗·萨缪尔森、威廉·诺德豪斯著，萧琛主译：《经济学》，北京：人民邮电出版社2008年版。

[37]［美］斯蒂格利茨著，黄险峰、张帆译：《经济学》，北京：中国人民大学出版社1997年版。

[38]［美］塔勒布著，万丹、刘宁译：《黑天鹅：如何应对不可预知的未来》，北京：中信出版社2008年版。

[39] 田国强、张帆：《大众市场经济学》，上海：上海人民出版社1993年版。

[40]［美］阿尔文·托夫勒著，朱志焱、潘琪、张焱译：《第三次浪潮》，北京：生活·读书·新知三联书店1981年版。

[41]［美］托马斯·弗里德曼著，何帆、肖莹莹、郝正非译：《世界是平的》，长沙：湖南科学技术出版社2008年版。

[42]［美］托马斯·潘恩著，何实译：《常识》，北京：华夏出版社2004年出版。

[43]［德］马克斯·韦伯著，于晓、陈维纲等译：《新教伦理与资本主义精神》，上海：上海三联书店1986年版。

[44]［英］威尔斯著，唐婉译：《世界简史》，长春：吉林文史出版社2015年版。

[45] 吴晓波：《把生命浪费在美好的事物上》，杭州：浙江大学出版社2015年版。

[46]［美］约瑟夫·熊彼特著，吴良健译：《资本主义、社会主义和民主主义》，北京：商务印书馆1999年版。

[47]［匈］亚诺什·科尔内著，张晓光等译：《短缺经济学》，北京：经济科学出版社1986年版。

［48］［英］亚当·斯密著，蒋自强等译：《道德情操论》，北京：商务印书馆 2011 年版。

［49］［英］亚当·斯密著，郭大力、王亚南译：《国民财富的性质和原因的研究》，北京：商务印书馆 1997 年版。

［50］［美］约翰·塔姆尼著，陈然译：《让经济学回归常识》，武汉：湖北教育出版社 2016 年版。

［51］朱镕基：《朱镕基讲话实录》第二卷，北京：人民出版社 2011 年版。